Effektive Unkrautbekämpfung

Daniel Grund

Impressum

Effektive Unkrautbekämpfung, 2. Auflage
Copyright © 2017 Daniel Grund
Alle Rechte vorbehalten.
Herstellung und Verlag: BoD - Books on Demand, Norderstedt
ISBN: 9783743190436

Reproduktionen, Übersetzungen, Weiterverarbeitung, Wiederverkauf und sonstige Veröffentlichungen bedürfen der schriftlichen Zustimmung des Autors.

Haftungsausschluss

Die vorliegende Publikation wurde nach bestem Wissen und Gewissen erstellt. Der Autor kann jedoch keinerlei Haftung für die Richtigkeit der Aussagen und Erfahrungen übernehmen. Dieses eBook ersetzt keine fachkundige Beratung im Umgang mit biologischen und chemischen Bekämpfungsmitteln. Die publizierten Ratschläge sollen Ihnen helfen, Ihren eigenen Weg im Umgang mit Unkraut und Schädlingen zu entwickeln. Beachten Sie bitte die gesetzlichen Vorgaben.

Ich verspreche keinen Erfolg. Ich bin nicht für negative Folgen verantwortlich, die sich aus Ihren Handlungen ergeben könnten. Sie verantworten Ihr Handeln zu jedem Zeitpunkt selbst. Konsultieren Sie bitte entsprechende Fachleute.

Sofern Sie aus fremden Quellen stammen, habe ich alle Quellenangaben nach bestem Wissen und Gewissen erstellt. Übereinstimmende Gedanken mit anderen Autoren kann ich jedoch nicht ausschließen.

Inhaltsverzeichnis

1. Die Unkrautplage - eine Einführung 1
2. Die Weisheit meiner Großmutter 3
3. Monokulturen und Ihr Fluch 6
4. Warum bekämpft man Unkraut? 9
5. Ein Blick in die Bibel zur Herkunft des Unkrautproblems 12
6. Die richtige Gartengestaltung als Schlüssel 16
   6.1 Der Gartenerwerb 17
   6.2 Hecken als natürliche Schutzbarrieren 21
   6.3 Kleingartenanlagen, Pachtgärten und Eigentumsgärten am Haus 22
7. Unkrautbekämpfung mit natürlichen Gestaltungsmitteln 26
   7.1 Hochbeete 26
   7.2 Gießränder um Bäume und Sträucher 29
   7.3 Arbeiten mit Rindenmulch 31
   7.4 Wiesen - arbeiten mit natürlichem Bewuchs 34
   7.5 Unkrautfreie Wege und Terrassen 39
   7.6 Sinnvolle Begrenzungen der Anbaufläche 43
8. Wiesen statt Rasen 48
   8.1 Rasenaussaat 49
   8.2 Die richtige Wiesenpflege 50
9. Feuer, die Anti-Unkraut- Geheimwaffe seit uralten Zeiten 57
10. Pflanzungen richtig anlegen 62
11. Unkrautvliese, Folien und Kunststoffbarrieren 67
12. Unkrautvernichtungsmittel 69
    12.1 Chemische Kampfstoffe 71
    12.2 Natürliche Mittel - Essig, Salz und Feuer 74
    12.3 Fungizide sind Pilzvernichter 78
13. Gerätschaften zum Ausbringen von chemischen Stoffen 80
14. Geräte zur Unkrautbeseitigung 82
    14.1 Der Spaten 82
    14.2 Unkrautstecher 85
    14.3 Eimer und Gefäße 87
    14.4 Hacken und Krallen 89
15. Grenzerfahrungen 91
16. Literaturverzeichnis 95
17. Über den Autor 96
18. Fußnoten 100

1. Die Unkrautplage - eine Einführung

Wer ärgert sich nicht das liebe lange Jahr mit dem Unkraut herum? Überall aus jeder Ritze des Gartens sprießen die unerwünschten Kräuter. Mühselig ist das Bücken nach den einzelnen Pflanzen. Kaum hat der Gärtner das eine Unkraut ausgerissen, wächst bereits neues Ungemach heran. Der Krieg gegen die Natur will kein Ende nehmen. Wen wundert es, wenn der Mensch nach mühelosen Wegen forscht, die Plage loszuwerden. Der Gärtner möchte dem Unkrautwachstum mit geringstem Aufwand Einhalt gebieten. Doch ganz so einfach ist das nicht. Wer jedoch die Natur versteht, findet bessere Wege. Er nutzt die natürlichen Zusammenhänge zum eigenen Vorteil aus. Die Flora zu überlisten ist gar nicht so schwer. Hört der Mensch Mutter Natur zu, lernt er Nützliches über den Erdboden. Gottgegebene Pflanzenfeinde kann man gezielt gegen das Unkraut einsetzen, ohne gleich mit der Brechstange anrücken zu müssen.

Mit meinem Büchlein möchte ich den zahlreichen geschundenen Gärtnerseelen helfen, das Unkraut spielend leicht in den Griff zu bekommen. Viele Stunden Gartenarbeit lassen sich durch kluges Verhalten im Jahr einsparen. Bestehende Gesetze und Kleingartensatzungen wollen ebenfalls berücksichtigt werden. Den Spagat möchte ich mit meiner Art der effektiven Unkrautbekämpfung lösen. Falls es Sie beruhigt, ich schaffe einen Unkrautdurchgang im Garten in ungefähr zwei Stunden. Das heißt: Innerhalb von zwei Stunden ist mein 400-Quadratmeter-Garten unkrautfrei. Wie schafft man das? Genau darum geht es in diesem Büchlein.

2. Die Weisheit meiner Großmutter

Meine Großmutter arbeitete lebenslang in der Landwirtschaft. Sie hatte über 70 Jahre Berufserfahrung, wie man heute sagt. Unsere Ahnen lebten seit vielen Generationen auf demselben Boden des Thüringer Waldes. Großmutter verbrachte ihr ganzes Leben im gleichen Haus. Das Gebäude steht seit Jahrhunderten. Mein Vater und ich wurden auf dem gleichen Thüringer Boden geboren. Ich wuchs dort leider nur ein paar Jahre lang auf. Ich besuchte die 2. Klasse, als wir in die Stadt Suhl umzogen. Ich kann heute sagen, dass ich zu dem Zeitpunkt entwurzelt wurde. Nach der Wende verschlug es viele meiner Klassenkameraden nach Westdeutschland. Ich landete am Ende in Frankfurt am Main.

Die Ertragskraft der Thüringer Böden lässt zu wünschen übrig. Mit viel Mühe wurden die Lebensmittel den Böden abgerungen. Ich höre Oma Hildegard noch oft in meinen Gedanken, wenn sie über die schwere Feldarbeit von damals jammerte. Sie schufteten von Sonnenaufgang bis Sonnenuntergang. Sie besaßen Wiesen, Äcker und Vieh.

Als Kind verbrachte ich die Ferien liebend gerne in Breitenbach. Die Zeit gehört zu den schönsten Erinnerungen meines Kinderlebens. Obwohl sie mir eigentlich nichts Großartiges anbieten konnten, verbrachte ich die wundervollsten Wochen in der Natur des Thüringer Waldes. Die Großeltern boten kein

Spaßprogramm an, dass man heute kennt. Ausflüge gab es stattdessen in die Wälder, auf die Äcker und zu Verwandten im Oberdorf[1]. Die Fahrten auf dem Traktor gehören zu den wunderbarsten Erinnerungen an meine Kindheit. Keine Autofahrt konnte mich jemals so beeindrucken, wie diese Fahrten auf einem alten Traktor. Der Grund, warum ich heute leidenschaftlicher Kleingärtner bin, liegt in dieser Art zu Leben begründet. Die Gottesfurcht und ein Leben mit der Natur prägen mich bis heute. Meine Großeltern lehrten mich Beten. Sie brachten mir die Bibel nahe. Ebenso den Zusammenhang zwischen Arbeit, Segen und Ernte. Es ist die wundervolle Beziehung zwischen dem Gedeihen der Pflanzen und Tiere und dem unerschütterlichen Glauben an Gott. Das prägt mich bis heute. Ich bete genauso für die Früchte des Gartens. Der Segen Gottes ist überlebenswichtig.

Ich wohne derzeit in der Metropole Frankfurt am Main. Es gibt manche Tage, an denen ich mich nach dem dörflichen Leben meiner Kindheit sehne. Die Wälder und Flure, sowie den Glauben an Gott den Allmächtigen vergesse ich nicht. Diesen Segen will ich meinen Kindern und Enkeln mit auf den Lebensweg geben. Das ist unsere Kultur. Das ist unsere Bodenhaftung. Meine Ahnen bearbeiteten diesen Boden seit Jahrhunderten. Sie überlebten Hungersnöte, Seuchen, Diktaturen, Weltkriege, kurz alle Übel dieser Welt. Sie blieben

---

[1] Die Großeltern wohnten im Unterdorf. Die Entfernung zwischen Ober- und Unterdorf betrug nur 2 bis 3 km. Man legte die Strecke meist mit dem Fahrrad zurück. Doch mit dem Traktor war es am schönsten.

unerschütterlich, ja felsenfest in Ihrem Glauben an den Heiland. Sie vertrauten auf den Bodenertrag des nächsten Jahres. Aus diesem Thüringer Wald, stamme ich ab.

Meine Großmutter sagte einmal: »So viele Schädlinge und so Zeug[1] hat es früher nicht gegeben.« Ich fragte sie daraufhin, woran das denn ihrer Meinung nach liegt? Sie antwortete: »An den Monokulturen und der Globalisierung.« Tatsache ist, dass der globale Handel in unsere Regionen Tier- und Pflanzenarten eingeschleppt hat. In Containern reiste der Tod mit. Der Marienkäfer wird durch den asiatischen Höhlenkäfer verdrängt. Die Nilgänse verdrängen die Pommernenten. Beim Unkraut ist es genauso. Einer unserer Gartenkollegen nannte es: Springkraut. Das Zeug wächst zu jeder Jahreszeit. Es ist ein Asienimport. Die Schoten platzen auf und verstreuen Samen in großer Zahl. Gänseblümchen und Löwenzahn breiten sich auch massenhaft aus. Sie sind jedoch bei uns heimisch. Das Übelste sind die ungeheuren Monokulturen. Sie bilden die Hauptursache für die durcheinandergekommene Natur.

---

[1] Gemeint ist das Unkraut.

3. Monokulturen und Ihr Fluch

Warum baut der Mensch in Monokultur an? Das liegt kurz gesagt an der leichteren maschinellen Flächenbearbeitung. Mähdrescher können auf diese Weise große Flächen kostengünstig abernten. Der Einsatz von Maschinen ist effizienter gegenüber der Handarbeit. Die Preise für Nahrungsmittel sanken im globalen Wettbewerb. Die landwirtschaftlichen Betriebe müssen immer kosteneffizienter wirtschaften. Das ist der Hauptgrund, warum Menschen Böden mit Maschinen bearbeiten. Monokulturflächen sind das Ergebnis. Leidtragende des Unglücks sind Natur und Mensch gleichermaßen. Ausgelaugte Böden, massenhaft vorkommende Schädlinge, vergiftete Bienen, unterversorgte Menschen[1], das sind die brutalen Folgen für die Umwelt. Nur mit Chemie lassen sich Monokulturen aufrechterhalten. Pestizide setzt man gegen die aufkommenden Schädlinge ein. Das große Bienensterben ist nur eine Folge dieses Wahnsinns. Die gesamte Existenz der Menschheit hängt schlussendlich am Leben der Honigbiene. Das vergessen die Profiteure leider allzu oft.

Die Natur reagiert darauf auf ihre Weise. Sie erschafft sogenannte *Superweeds und Schädlingsplagen*. Superweeds ist der amerikanische Begriff für

---

[1] Gemeint ist der Mangel an Spurenelementen. Die Nahrungsmittel werden immer nährwertloser, weil sich die Böden nicht mehr ausreichend erholen können. Sie werden bis zum Exzess ausgebeutet. Selbstmord mit Messer und Gabel nannte es jemand treffend.

Riesenunkräuter. Sie entstanden durch den Einsatz von Monsantos Roundup[1]. Die Natur bildete resistente Pflanzen, die sich gegen das Gensoja wehrten. Kurz gesagt: Die Natur neigt immer dazu, das natürliche Gleichgewicht wiederherzustellen. Wer das einmal verstanden hat, kann mit der Natur, statt gegen sie arbeiten. Das ist auch das Geheimnis der Perma- und Mischkultur. Mit wenig Arbeitsaufwand werden Pflanzensymbiosen geschaffen, die im Gleichgewicht nebeneinander existieren. Ich kann diesen wunderbaren Vorgang nicht erklären. Jeder Gärtner weis, wie schwierig es ist, eine Fläche unkrautfrei zu halten. Es siedeln sich immer wieder aufs Neue allerlei Kräuter neben unseren Kulturpflanzen an. Der Mensch plagt sich mit ihrer Vernichtung. Er müht sich ab, weil er nicht verstehen will, dass die Natur ein Gleichgewicht erzeugen möchte.

Würde der Mensch stattdessen für erwünschte Symbiosen sorgen, hätte er weniger Probleme. Der Mischkulturansatz löst genau das Dilemma auf. Die Permakultur ist die reinste Form der natürlichen Symbiosen. Tiere und Pflanzen werden gleichermaßen mit einbezogen. Die Permakultur wurde von Sepp Holzer entwickelt. Sie erlangte Weltruhm. Der Schlüssel liegt in der Wiederherstellung des Wasserhaushalts begründet. Holzer der Agrarrebell renaturierte zahlreiche Flächen in

---

[1] Der Unkrautvernichter ist ein Vollherbizid bestehend aus dem Wirkstoff Glyphosat. Er steht unter massiver Kritik, weil er Krebs auslösen soll. Die Brühe vergiftet Böden, Trinkwasser, Menschen, Tiere und Pflanzen. Sie ist auch im Urin der Europäer nachweisbar.

Entwicklungslandwüsten. Brutaler Raubbau hatte in einigen Gegenden die Natur sprichwörtlich verwüstet. Holzer ist heute ein anerkannter Experte auf dem Gebiet der Biotopschöpfung. Viele Länder empfangen ihn, wie einen Staatsgast. Sein Wissen über die Erschaffung der Seenlandschaften ist einmalig. Ich bewundere ihn dafür. Man könnte behaupten, ich sei ein Sepp Holzer[1] Fan.

---

[1] Sepp Holzer veröffentlichte Bücher zur Permakultur. Der Krameterhof in Österreich geniest inzwischen Weltruf. Er zieht zahlreiche Besucher magisch an.

4. Warum bekämpft man Unkraut?

Es gibt einen immerwährenden Konflikt zwischen Kulturpflanzen und Unkraut. Die meisten Unkräuter sind viel besser an die Umweltbedingungen angepasst. Sie würden viele Kulturpflanzen in kürzester Zeit verdrängen. Zuchtpflanzen wurden auf Erträge und andere Eigenschaften hin entwickelt. Gemüsepflanzen sind zum Teil Hybride, d.h. sie können sich nicht selbst vermehren. Man kann sie genau eine Saison anbauen und keine keimfähigen Samen von ihnen gewinnen. Die Saatgutkonzerne können den Bauern ständig die Samen verkaufen. Sie erkennen das leicht an den F1 Bezeichnungen auf den Samentüten. So züchtete man kernlose Trauben, Gurken mit weichen Kernen, schoßfeste Salatsorten und andere Gemüsepflanzen.

Würde der Mensch bewusst Unkraut neben die Kulturpflanzen säen, würden die Nährstoffe nicht im Kulturertrag, sondern im Unkraut, landen. Vor allem in der Landwirtschaft wird auf maximale Erträge hingearbeitet. Die Gewinnmargen der Landwirte sind im Keller. Verliert ein Landwirt nur 10 Prozent der Erträge, schreibt er Verluste. Das ist der Hauptgrund, warum tonnenweise Herbizide und Fungizide eingesetzt werden müssen. Die Erträge der Biobauern reichen nicht ansatzweise an den Ertrag der konventionellen Landwirtschaft heran. In der biologischen Landwirtschaft geht es jedoch auch nicht ohne Spritzmittel. Das Problem stellt der Anbau in Monokultur dar. Der Unterschied ist, dass alle Chemiekeulen eine Biozulassung besitzen. Biospritzmittel sind in der Regel unwirksamer als die konventionellen Gifte. Es gibt sogar Saaten, die so giftig gebeizt sind, dass der Vernichter in der Pflanze enthalten ist. Der Bauer muss nichts mehr spritzen. Das erspart ihm viele Arbeitsgänge während der Produktion. Jetzt kennen Sie die Wahrheit über die Art, wie unsere Nahrungsmittel produziert werden. Ich stellte fest, dass die meisten Menschen eine völlig falsche Vorstellung von biologischen Nahrungsmitteln haben. Die Werbeindustrie erhält das Bild von Großmutters Bauernhof bewusst aufrecht. Ein Landwirt sagte einmal in einem Fernsehbeitrag sinngemäß: »Die Zeiten sind seit 50 Jahren vorbei.« Seit den 1960er Jahren wurde die Landwirtschaft industrialisiert. Es gibt Tierfabriken, riesige Sojamonokulturen in Südamerika, auf denen die genveränderten Futtermittel angebaut werden. Wer heute noch an das Gute auf dem Teller glaubt, hat keine Ahnung.

Wer gesund essen will, kann nur noch selbst anbauen! Entschuldigung, aber das ist die nackte Wahrheit. Nur mit Handarbeit können Sie reine Qualität erschaffen. Ich lehne die chemischen Mittel keineswegs ab. Sie helfen dem Gärtner bei Schädlings- und Unkrautplagen. Man sollte Sie jedoch vorsichtig ausbringen. Da man die Sachen selbst isst, fragt man sich ständig: Ist das jetzt wirklich notwendig? Im Laden sind Sie den Herstellern gnadenlos ausgeliefert. Die Lebensmittelskandale der

Vergangenheit sprechen Bände. Wer einmal gesehen hat, wie Felder eingenebelt werden, versteht, was ich meine. Der Kleingärtner dosiert gezielter. Er bringt das Gift punktuell dort aus, wo es gebraucht wird.

Schauen Sie sich den kompletten Produktionsprozess bei Getreide an. Zuerst werden großflächig Herbizide versprüht. Dadurch geht alles auf der Fläche ein. Danach wird das Getreide gesät. Vor der Ernte wird es nochmals besprüht, damit es gleichmäßig abtrocknet. Danach wird gemäht. Am Ende bleiben chemische Rückstände am Getreide haften. Das Teufelszeug gelangt dadurch in unseren Nahrungskreislauf. Es wird für zahlreiche Erkrankungen und Allergien verantwortlich gemacht. Die Chemiekonzerne zahlen nicht umsonst gewaltige Schmiergelder an die Politik.

Kurz zusammengefasst: Unkraut wird bekämpft, da es die Erträge der Kulturpflanzen verringert. Der Aufwand dafür ist mörderisch. Unkrautvernichter sind kostenintensiv. Die Ernteausfälle wären jedoch bedeutend höher.

5. Ein Blick in die Bibel zur Herkunft des Unkrautproblems

Wirft man einen Blick ins Buch Genesis (1. Mose), entdeckt man Erstaunliches zum Thema. Am Anfang schuf Gott den Garten Eden. Adam und Eva aßen anfangs von den Früchten der Bäume und Kräuter. Der Garten war perfekt. Nach dem Sündenfall wurde der Erdboden jedoch verflucht. Zu Adam sprach Gott: »Derweil du hast gehorcht der Stimme deines Weibes und hast gegessen von dem Baum, davon ich dir gebot und sprach: Du sollst nicht davon essen, verflucht sei der Acker um deinetwillen, mit Kummer sollst du dich darauf nähren, dein Leben lang. Dornen und Disteln soll er dir tragen, und sollst das Kraut auf dem Felde essen. Im Schweiße deines Angesichts sollst du dein Brot essen, bis dass du wieder zu Erde werdest, davon du genommen bist. Denn du bist Erde und sollst zu Erde werden.«[1] Nach dem Sündenfall kam der Tod zu Menschen, Tieren und Pflanzen. Der Fluch traf den gesamten Erdboden. Er brachte die Vergänglichkeit allen Lebens. Es entstand daraus die Notwendigkeit, dass sich die Geschöpfe fortpflanzen. Das ging selbstverständlich auch den Pflanzen so. Wer als Gärtner diesen Krieg der Natur beobachtet, den wundert das nicht mehr. Es entsteht ein Kampf, um Licht, Wasser und Nahrung. Tiere kämpfen um Ressourcen und auch die Pflanzen. Ich finde es immer

---
[1] 1. Mose 3 Vers 17 bis 19.

wieder erstaunlich, an welchen Plätzen Pflanzen doch irgendwie zu wachsen vermögen.

Nach der Sintflut sprach Gott zu Noah und seinen Söhnen: »Alles, was sich regt und lebt, das sei eure Speise; wie das grüne Kraut habe ich es euch alles gegeben.«[1] Der Bibelvers nimmt Bezug auf die vorherige Aussage Gottes an die ersten beiden Menschen: »Seht da, ich habe euch gegeben allerlei Kraut, das sich besamt, auf der ganzen Erde und allerlei fruchtbare Bäume, die sich besamen, zu eurer Speise.«[2] Was auch immer Sie persönlich glauben, Sie essen grüne Blätter, Samen, Früchte und möglicherweise auch tierische Produkte. Dies alles ist nach der Bibel eine Folge der Sünde. Die Plage auf dem Ackerboden versucht sich der Mensch, seit dieser Zeit zu erleichtern. Herbizide und Fungizide hielt man in den 1960er und 1970er Jahren für die beste Entwicklung. Inzwischen leben wir längst im Ökotrend. Weniger Chemie ist besser. Jeder Mensch, der das Unkraut von Hand ausreißt, versteht den biblischen Fluch des Ackerbodens genau. Glauben Sie, was Sie wollen. Ich denke, dass die Bibel in diesem Punkt absolut richtig liegt. Hört man auf, einen Garten zu bearbeiten, verwildert er in kürzester Zeit. Der Krieg der Natur wird spürbar. An einem bestimmten Punkt stellt sich ein sogenanntes biologisches Gleichgewicht ein. Seit dem Fluch über den Erdboden existiert der Vermehrungszwang. Jeder Organismus stirbt. Er versucht

---
[1] 1. Mose 9 Vers 3.
[2] 1. Mose 1 Vers 29.

vorher, genügend Nachkommen zu produzieren, um den Fortbestand der Art sicherzustellen. Mit dem Umstand plagt sich der Gärtner lebenslang. Bei verwilderten Grundstücken braucht man Jahre, um die Neubesamung der Fläche einzuschränken. Ab dem 3. Jahr wird es ruhiger, wenn man das Unkraut vorher regelmäßig entfernen konnte. Man muss dann nicht mehr gegen Tausende Nachkommen ankämpfen. Der Wind trägt gut zur Vermehrung bei. Wenn das angrenzende Grundstück nicht gepflegt wird, kommt der Samen von dort herübergeweht.

An den Punkt des biologischen Gleichgewichts sollte man, mit Abstrichen, zu gelangen versuchen. Dann wird Unkrautbekämpfung erträglicher. Die natürlichen Feinde des Unkrauts und der Schädlinge sollte man nutzen, soweit das mit den eigenen Interessen und Geldmitteln vereinbar ist. Sie können mir glauben, es ist eine Wohltat, nur 2 Stunden das Unkraut in meinem Garten bekämpfen zu müssen.

Bild 1: Mein Schrebergarten in Frankfurt am Main.

Ein Sonntagnachmittag ist ausreichend, um die Gartensauberkeit nach zwei bis drei Wochen im Sommer wiederherzustellen. Regelmäßige Durchgänge helfen mir, den Aufwand überschaubar zu gestalten. Ich möchte mich schließlich am Garten erfreuen und mich nicht jeden Gartentag plagen. Wer im biblischen Einklang mit der Natur gärtnern will, sollte lernen, was Mischkultur, Permakultur und Fruchtwechselfolgen sind. Ich garantiere Ihnen, Sie werden dadurch mehr Freude am Gärtnern bekommen.

6. Die richtige Gartengestaltung als Schlüssel

Wer den Garten von Anfang an richtig gestaltet, kann sich im Laufe des Jahres viel Arbeit beim Unkrautjäten ersparen. In meinen Garten musste ich vorher einmal richtig investieren, um später mit Leichtigkeit das Unkrautübel in Schach zu halten. Die richtige Anlage von Wegen, Mulchdecken, Wiesenwegen, ebenerdigen Beeten und Hochbeeten bildet die Grundlage meines Gartenerfolgs. Eine Nachbarin sagte mir, dass ich Trends setzen würde. Ich war der Erste in meiner Anlage, der Hochbeete baute. Ich errichte alles nach dem Aufwand-Nutzen-Prinzip. Mein Garten ist auf Ertrag und minimalen Arbeitsaufwand gebürstet. Das bedeutet auch, dass ich kaum Zierpflanzen kultiviere. Ich versuche, die Vorgaben des Kleingartengesetzes und der Vereinssatzung einzuhalten. Alle Pflanzungen müssen in meinen Augen einen Nutzwert erfüllen. Wenn ich Blumen anbaue, muss ich sie als Schnittblumen zum Verschenken gebrauchen können. Nur Gartenzierde anzubauen, ist mir zuwider. Ich muss das Zeug essen können oder es muss einen anderen Nutzen erfüllen. Nur so stelle ich sicher, dass meine Arbeit nicht umsonst ist. Ständig wilde Wucherungen für nichts und wieder nichts zu bekämpfen, erscheint mir sinnlos. Mancher Gartenfreund baut jedoch gerne fürs Auge an. Wie alles im Leben ist es eine Frage des persönlichen Geschmacks.

6.1 Der Gartenerwerb

Wer von vornherein den richtigen Garten auswählt, erspart sich viel Arbeitszeit. Wer in einen Schrebergartenverein eintreten möchte, sollte sich den Bewuchs rings herum genau anschauen. Wie viel Hauptweg muss ich sauber halten? Wie viel Außengrenze hat mein Garten? Randgrundstücke in einer Gartenanlage können eine Strafe sein. Mittendrin lebt es sich leichter.

Bild 2: Mein Garten im Wonnemonat Mai 2016 mit Kirschblüte.

Mein Garten ist rechteckig mit ca. 40 m Länge und 10 Metern in der Breite. Hinter meinem Garten ist die Gartenanlage zu Ende. Dahinter liegen der Urselbach und die Nidda[1]. Hohe Bäume umsäumen die Anlage. Eine Eberesche steht am Grundstücksrand. Sie wirft jeden Winter ihre Samen in meinen Garten. Jedes Frühjahr muss ich kleine Bäumchen beseitigen. Ein frei stehender Garten mit angrenzender Wiese wäre vorteilhafter. Das Rauschen des Wassers und die Bäume um die Anlage besitzen jedoch ihren eigenen Reiz. Ich möchte sie heute nicht mehr missen.

An der vorderen Seite muss ich 10 Meter Weg für die Allgemeinheit auf ca. einem Meter in der Breite unkrautfrei halten. Es gibt Gärten in der Anlage, die müssen statt 10 Metern Weg vorne und 10 Metern Hecke im hinteren Teil, 60 Meter Weg rings herum pflegen. Das meine ich damit, wenn ich der Auswahl des eigenen Gartens Priorität beimesse. Die äußeren Pflegemeter mutieren schnell zur Strafarbeit.

Eine andere Strafaufgabe ergibt sich durch den Bewuchs der benachbarten Gärten. Lässt der Nachbar das Grundstück verwildern, wird man automatisch den Druck auf den eigenen Garten zu spüren bekommen. Pflanzt er Dinge, die Wurzelausläufer bilden, hat man immer wieder das Problem der hervorbrechenden Raketen auf dem

---

[1] Die Nidda ist ein Nebenfluss des Mains. Sie fließt durch Frankfurt. Die Mündung des Urselbachs in die Nidda liegt direkt hinter unserer Gartenanlage.

eigenen Randstreifen. Das ist z.B. bei japanischen Maiglöckchen, bei Pfefferminze, Bambus und Lampionblumen der Fall, wenn sie nicht in Wurzelsperren gesetzt wurden. Solche Wucherkräuter können ein echter Fluch sein. Schauen Sie sich die Nachbargrundstücke genauestens an! Ist das Grundstück gepflegt, gibt es weniger Unkrautprobleme. Sie können mir glauben, dass ich genau weis, wovon ich spreche. Wer einmal die Erfahrung gemacht hat, wird mich sofort verstehen. Es ist immer das gleiche Drama. Natürlich geben die Besitzer der Gärten hin und wieder auf. So kann man Glück und Pech gleichermaßen haben, wenn die Pächter wechseln. Meine Nachbarn hatten das große Glück, das ich den Garten völlig verwildert übernahm und einen Mustergarten daraus zauberte. Dieser Umstand kann für Frieden und Freude im Gartenverein sorgen. Die Vorstände wissen genau, wovon ich spreche. Ein Kleingarten will gepflegt und unkrautfrei gehalten werden. Dann werden auch die Vereinsvorstände zufrieden sein. Sie müssen viele Male Mitglieder abmahnen, weil sie sich nicht ausreichend um ihren Garten kümmern. Wer einige meiner Empfehlungen beherzigt, wird ein deutlich leichteres Gärtnerleben bekommen.

Der Hobbygärtner sollte den äußeren Bewuchs, um den Garten studieren. Hinter meinem Garten wächst beispielsweise Efeu, der von hinten hinein drückt. Ich habe das Problem dadurch eingedämmt, dass ich am

Zaun einen grünen Sichtschutz befestigt habe. Die Hecke davor wurde radikal abrasiert, da sie zu kleinen Bäumen mutiert war. Ich habe das Heckchen von unten herauf wieder herangezogen. Jetzt ist die Hecke schön dicht. Rings herum ist Rindenmulch ausgestreut. Triebe des Efeus kann ich problemlos ausreißen, wenn ich mich bücke. Die Triebe werfe ich hinter den Zaun. Die Hecke wird dreimal im Jahr mit einer Handheckenschere gestutzt. Das geht zügig. Die Heckenmeter wirken darum immer gepflegt.

Ich möchte aber auch nicht verschweigen, dass die Außengrenzen eines Gartens gesichert werden sollten. Viele Kleingartenanlagen bekommen ungebetenen Besuch. So kann ein Bach als natürliche Begrenzung mit einer Dschungellandschaft vor ungebetenen Gästen schützen. Was man an Problemen an der Hinterseite hat, kann sich durchaus als Segen erweisen. Zäune und Hecken sollten daher immer in einem Top Zustand gehalten werden.

Am Anfang meines Gärtnerlebens musste ich hinterm Garten Tabularasa veranstalten. Durch den freien Bereich kamen zuerst Kinder zum Spielen auf die Bachseite. Kurz darauf folgten die Einbrecher, die unter meinem Zaun durchgestiegen sind. Die Hecke war zu dem Zeitpunkt komplett bis zum Stumpf abrasiert. Im Ergebnis wurde der Zaun vom Verein instand gesetzt. Ich brachte einen Sichtschutz auf 10 Metern an. Den Rest erledigte die Zeit.

Die Hecke wuchs prächtig. Der Teil hinter dem Garten verwilderte erneut. Ich entfernte vorher unliebsame Baumstümpfe, die in meine Hecke hinein austrieben. Zusätzlich entsorgte ich noch meinen Rasenschnitt und fiese Unkräuter in diesen Randbereich. Dadurch ist der Bereich hinter dem Zaun nicht mehr begehbar. Es spielt dort niemand mehr. Einbrecher wurden auch länger nicht mehr gesichtet. Segen und Fluch liegen dicht beieinander. Ich empfehle jedem, Sichtschutzmatten an den Zäunen anzubringen. So hält man ungebetene Unkräuter weitestgehend außen vor, die sonst ungehindert durch die Zaunmaschen wachsen und Samen abwerfen könnten. Wer über die Möglichkeit verfügt, Zäune zu errichten, sollte sie mannshoch bauen. Mehrere Bahnen Stacheldraht oben daran anbringen und einen Sichtschutzwall basteln. Sie haben danach Ruhe vor der äußeren Unkrautwelt und vor den bösen Buben.

6.2 Hecken als natürliche Schutzbarrieren

In vielen Gärten ist es Vorschrift, dass außen herum eine durchgehende natürliche Hecke verläuft. Zumeist werden Ligusterhecken gesetzt. Wer jedoch die Möglichkeit hat auszuwählen, sollte Schlehen benutzen. Der Vorteil daran ist, dass man die Früchte essen kann. Die schwarzen Ligusterbeeren sind giftig. Wenn man Kinder im Garten hat, ist das ungünstig. Leider durfte ich die Hecke in meinem Garten nicht entfernen und durch eine Schlehenhecke ersetzen. Ich hätte sonst das Gesamtbild der umlaufenden Hecke im Verein zerstört. Hecken erfüllen auch eine natürliche Funktion als Sauerstofflieferant und bilden für Kleinlebewesen wichtigen Lebensraum. Außerdem sehen belebte Grenzen schöner aus als ein nackter Zaun mit einbetonierten Metallpfeilern. Einige Leute wählen auch Hainbuchen als Begrenzung aus. Ich finde das Zeug nicht hübsch. Außerdem sind die kleinen Bäumchen relativ teuer. Ligusterhecken sind preisgünstig. Sie lassen auch weniger Platz für aufkeimende Ebereschen. Ich habe viele Hecken gesehen, in denen Eschenbäume dazwischen gewuchert sind. Gerade bei Hainbuchen wachsen leicht Eschenbäume ein, die das Gesamtbild verderben. Das sieht am Ende furchtbar aus.

6.3 Kleingartenanlagen, Pachtgärten und Eigentumsgärten am Haus

Wer die Wahl hat, sollte in jedem Fall auf einen Eigentumsgarten direkt am Haus setzen. Ich lebe leider in einer Großstadt. Die Pacht war für mich die einzige preiswerte Möglichkeit, um an einen Garten zu kommen. Daneben gibt es noch städtische Pachtgärten, die etwas abseits liegen. Alles hat Vor- und Nachteile. Die Anlagenbetreiber von Kleingärten achten darauf, dass das Kleingartengesetz und die Vereinssatzung eingehalten werden. Man ist in der Gestaltung von vornherein eingeschränkt. Bei uns gibt es die Auflagen zum Hauptweg hin Zierpflanzen zu ziehen, damit der Weg ansprechend aussieht. Daneben wird auf die Größe der Rasenfläche peinlich genau geachtet. Mein Konzept der Wiesenwege erzeugte Gemurre im Verein. Ich musste daraufhin mit Rindenmulchbereichen arbeiten, um die Rasenfläche zu reduzieren. Auf einem Freizeitgrundstück darf man freier vegetieren. Man kann die Flächen mit Rasen übersäen. Die Viehhaltung ist im Kleingarten auch untersagt.

Kleingartenanlagen bieten jedoch einen Riesenvorteil durch die Gemeinschaft. Es gibt gemeinsam gefeierte Feste und ein echtes Vereinsleben. In unserer Anlage gibt es ein Vereinshaus mit Lokal. Das Lokal ist im Sommer gut besucht. Es kann auch für Familienfeiern gebucht werden. Daneben gibt es eine kleine Werkstatt mit Leihgeräten. Das ist praktisch, weil man nicht alle Geräte kaufen und pflegen muss. Wann braucht man einen Häcksler oder eine komplette Werkbank, um die Wasserpumpenanlage zu reparieren? Auf dem Gebiet ist Vereinseigentum unschlagbar. Ein Garten am Haus dagegen bietet maximale Freiheit bei kürzesten Wegen. Mein Kompromiss ist ein Kleingarten in unmittelbarer Nähe zur Mietwohnung. Zwischen Anlage und Haustür liegen 5 Minuten Fußweg. Damit kann ich als Städter gut leben.

Ein Vorteil von Hausgärten ist, dass der Boden zum Haus dazugehört. Pflanzungen kann man auf ewige Zeiträume anlegen. Bei Pachtgärten besteht gerade in den

Großstädten die Gefahr, dass gierige Baulöwen auf die Grundstücke in Bestlage schielen. Brauchen die Großstädte dringend Wohnraum, wird ständig über die Gartenanlagen diskutiert. Das investierte Geld und die Arbeitszeit sind permanent gefährdet. Ich baue Baumspaliere und Beerenbüsche an. Die Gewächse brauchen Jahre, bis sie zum vollständigen Fruchtertrag gelangen. Drei bis fünf Jahre sind normal. Wer neue Bäume pflanzt, muss 3 Jahre Geduld aufbringen, bis er das erste Mal ernten darf. Bei Gartenanlagen muss der Mensch in Jahrzehnten denken. Das passt kein Stück zur schnelllebigen Instantgesellschaft. Der Garten am Haus ist klar im Vorteil. Er fällt nicht sofort weg. Das Haus samt Garten kann an die nächste Generation weitervererbt werden. Apfelbäume, von denen schon die Großeltern speisten, ernähren später die Enkelgeneration. Das ist großartig. Ich möchte jedoch anmerken, dass unsere Großeltern anders wirtschafteten, als wir das heute tun können. Mein Großvater war ziemlich umständlich bei seinem Garten. Er hat mir das Hobby eher verleidet, weshalb ich erst spät meine Liebe zum Garten entdeckte. Seine Wege waren nackt oder mit Platten gepflastert. Unkraut musste man überall rupfen. Das geht deutlich einfacher, wenn man von Anfang an auf eine intelligente Gartengestaltung setzt. Leider muss ich das meinem Großvater vorhalten, dass er den Garten zwar zuliebe meiner Großmutter bewirtschaftete, sich jedoch zu wenig Gedanken darüber machte. Etwas Nachdenken hätte ihm viel Arbeit gespart. Ich wäre viel schneller bei diesem Hobby gelandet. Ich hatte unschöne Erinnerungen an die Unkrautplagerei. Er nannte es immer: »Den Garten mit dem Vornamen.« Den Vornamen hatte ich ihm als Jugendlicher gegeben. Es kotzte mich an, wenn ich wieder mit in den Garten musste. Ich sagte irgendwann mal aus Frust: »Schon wieder in den Scheiß-Garten.« Seitdem hieß er so. Heute weis ich, dass man Gärten mit wenig Aufwand erhalten kann. Man muss nur einmal intelligent investieren. Der Rest ist dann ein Kinderspiel. Das Unkrautproblem muss man mit der Natur lösen und darf nicht ständig gegen sie arbeiten. Das meine ich mit intelligent Gärtnern.

7. Unkrautbekämpfung mit natürlichen Gestaltungsmitteln

Wer darüber nachdenkt, wie die Natur arbeitet, erkennt die Möglichkeiten, um sie zu überlisten. Wenn die Natur Samen durch die Landschaft weht, die danach irgendwohin fallen und aufkeimen, sollte man Barrieren schaffen. Das ist viel effektiver, statt das Grünzeug mühselig auszureißen. Ein paar geeignete Methoden stelle ich Ihnen jetzt vor.

7.1 Hochbeete

Ich liebe Hochbeete. Sie bringen wahnsinnige Erträge und es fällt kaum Unkraut an. Ein Hochbeet blitzsauber zu halten, ist ein Kinderspiel. Wer darin zusätzlich mit Mischkultur arbeitet, hat minimalen Aufwand beim Unkrautrupfen. Um die Hochbeete kann man Rasen wachsen lassen oder Rindenmulch ausstreuen. Ich persönlich finde einen grünen Bewuchs entspannender. Beim Rindenmulch kommt man nicht umhin, ihn zeitweise zu erneuern. Die Wiese muss regelmäßig gemäht werden. Die Hochbeete brauchen, nicht einmal hoch zu sein. Es reicht, wenn man sie 30-50 cm in die Höhe errichtet, um zu spüren, dass deutlich weniger Unkraut aufkeimt. Hochbeete erschuf man auch aus dem Grund, weil der Mensch sich nicht gerne bückt. Je höher man sie baut, umso schwieriger wird jedoch auch die Wasserversorgung mit der Gießkanne. Die Kannen auf der Höhe festzuhalten, ist anstrengend. Ich gieße mit 2 Kannen gleichzeitig, damit ich beizeiten fertig werde. Die Wasserzufuhr der einzelnen Pflanze wird dadurch effektiver. Ich überkreuze die Wasserstrahlen beim Gießen. Probieren Sie es aus, sie stellen den Unterschied fest.

Ich gebe zu, dass der Hochbeetbau nicht günstig ist. Ich habe verschiedene Bauweisen ausprobiert. Holz fand ich, am leichtesten zu verarbeiten. Ich habe Bretter, Holzbohlen, Plastikbausteine und Metallgitter getestet.

Bild 3: Hochbeete in verschiedenen Bauweisen

Das Prinzip dahinter ist das Hügelbeetprinzip. Zuerst kommt grobes Holzmaterial, dann Feineres für die Rottepackung und darüber fertige Muttererde. Der Kompostierungsprozess erzeugt die Bodenwärme. Auf diese Weise erntet man vorzeitig. Die Früchte fallen üppiger aus. Die Blätter der Pflanzen verkrauten stärker durch das Nahrungsüberangebot. Für Salate und Blattgemüse sind Hochbeete ein Traum. Von wenigen

Pflanzen kommt viel Ertrag zurück. Ich erlebte es mit Paprika. Zuerst schießen die Pflanzen und verzweigen sich stark, danach folgt ein Fruchtbehang, der seinesgleichen sucht. Mir war es unmöglich, die Erträge von vier Paprikapflanzen zu verbrauchen. Es ist Wahnsinn. Hochbeete sind die beste Erfindung, seit es Gärten gibt. Das Unkrautrupfen ist ein Klacks. Es entfernt sich leichter, weil die Böden fluffig bleiben. Mir genügen ein paar Minuten, um meine 5 Hochbeete unkrautfrei zu halten. Es gibt jedoch einen Nachteil, den ich nicht verschweigen möchte. Hochbeete brauchen viel mehr Wasser als ebenerdige Beete. Sie trocknen durch den Blumentopfeffekt schnell aus. Setzt man Tiefwurzler, kann eine Lehmschicht im unteren Teil des Beetes den Wasserspeicher bilden. Da wir lehmigen Boden haben, bringe ich nach der Kompostpackung zuerst normale Gartenerde ein. Die oberen Schichten befülle ich mit Schwarzerde. Dafür kaufe ich Komposterden aus dem Baumarkt. Der Boden ist danach fruchtbar. Es spielt keine Rolle mehr, was ich aussäe. Es gelingt alles. In unserem Garten wachsen keine Zwiebeln. In den Hochbeeten ernte ich Riesenzwiebeln. Dazu brauche ich nicht einmal viel Platz. Ich kann die Steckzwiebelchen an den Rand des Hochbeets setzen. Die paar Zentimeter reichen den Pflanzen. In Hochbeeten darf man dichter setzen als in Bodenbeeten. Die Kraft ziehen die Pflanzen aus der Tiefe und nicht aus der Fläche. Probieren Sie es mit einem kleinen Hochbeet aus. In meiner Gartenanlage wurde ich zum Trendsetter. Ich war der Erste, der Hochbeete errichtete. Inzwischen haben mich viele Gartennachbarn kopiert. Ich las einmal, dass 10 Quadratmeter Hochbeetfläche ausreichen, um einen Menschen ein Jahr mit Gemüse zu versorgen. Ich habe mehr als diese 10 Quadratmeter. Bei normaler Nahrungsmittelversorgung mit funktionierenden Supermärkten ist die Fläche für eine deutsche Familie ausreichend. Für uns wurde die Menge an Nahrungsmitteln zum Verarbeitungsproblem. Aus meinem umliegenden Garten erstellte ich ein Beeren- und Obstanbaugebiet. Die anfallenden Fruchtmengen können wir zu Hause kaum lagern. Es ist der schiere Wahnsinn.

7.2 Gießränder um Bäume und Sträucher

Eine wichtige psychologische Barriere bilden meine Gießränder. Ich fertige sie aus preiswerten Dachlatten. Mit ein paar Schrauben sind die Vierecke schnell hergestellt. Um die Bäume lege ich sie einen Meter auf einen Meter, bei Büschen nutze ich 80 cm Quadrate. In der Mitte steht das Gewächs. Der Vorteil der Holzquadrate ist die psychologische Barriere gepaart mit der Funktionalität. Die Sträucher können in dem Bereich mit Dünger oder einem Humusauftrag versorgt werden. Außerhalb der Ringe streue ich Rindenmulch aus. Man kann jedoch auch Rasen drum herum wachsen lassen. Wenn ich die Pflanzen gieße, hält der Ring das Wasser direkt am Gewächs. Dadurch kann ich frisch gesetzte Bäume richtig einschlämmen, wie man das nach dem Setzen tun soll. Die Erde legt sich dadurch hervorragend um die Baumwurzeln. Das Unkraut zupfe ich nur innerhalb der Ringe weg. Ich halte den Quadratmeter um den Baum vollständig unkrautfrei. Die Zeitersparnis ist riesengroß. Außerhalb der Ringe wird nichts gegossen. Dadurch wächst auf dem Rindenmulch kaum etwas. Rasen keimt dort nicht auf wegen der Gerbsäuren im Rindenmulch. Die mangelnde Wasserzufuhr lässt dem Unkraut im Sommer keine Chance. Man spart sich verdammt viel Arbeit bei den Seitenstreifen, wenn man Bäume und Sträucher pflanzt und mit Holzrändern versieht. Ich entferne dadurch bei über 20 Meter langen Seitenstreifen in wenigen Minuten alles Unkraut. Aus dem Grund bin ich auch so flink mit meinem Garten durch. Der Gärtner sollte sich nur auf die unmittelbare Umgebung der Pflanzen konzentrieren müssen. Die übrige Gartenfläche wird mit Rindenmulch abgedeckt oder noch besser der Natur in Form einer Wiese überlassen. Den Rest erledigt ein leistungsstarker Rasenmäher.

Bild 4: Gießränder um Beerensträucher

7.3 Arbeiten mit Rindenmulch

Rindenmulch gilt gemeinhin als Mittel der Wahl, wenn die Rasenflächen durch Auflagen begrenzt werden. Man kann um erwachsene Bäume feinen Rindenmulch aufbringen. Bei jungen Gewächsen rate ich nicht dazu, da der Boden dadurch sauer wird. Heidelbeeren, Himbeeren und andere Waldgewächse lieben saure Böden. Für sie ist Rindenmulch genau das Richtige. Seitenstreifen sehen mit Rindenmulchabdeckung auch gut aus. Im hinteren Teil meines Gartens liegt Rindenmulch. Vorher hatte ich dort Wiese. Der Verein bemängelte das. Außerdem hatte ich Probleme mit dem Elektrokabel des Rasenmähers. Darum stieg ich auf die Mulchdecke um. Die Rasensoden stach ich von Hand ab und verwendete sie als Hochbeetfüllmaterial.

Bild 5: Hinterer Gartenbereich mit Rindenmulchdecke

Mulch verliert mit der Zeit die Gerbsäuren. Man erkennt es am verstärkten Unkrautbewuchs. Dann wird es Zeit, wieder ein paar frische Säcke Rindenmulch darüber zu streuen. Mulch zieht außerdem allerlei Kleinstlebewesen an. Spinnen haben dadurch im Garten ein Paradies. Sie sind wichtig, da sie Insekten fangen. Viele Gärtner benutzen den Mulch auch für ihre Gartenwege. Ich habe oft gesehen, dass rechts und links der Hauptwege Steine gesetzt werden. Dazwischen wird eine Unkrautfolie ausgelegt und Holzhäcksel oder Mulch darüber gestreut. Ich habe verschiedene Mulchsorten getestet. Am langsamsten zersetzt sich der billige grobe Rindenmulch. Feiner Mulch ist dort zu empfehlen, wo es glatt sein soll. Ihn benutzt man überwiegend bei Baumscheiben. Das ist der Bereich direkt unter den Baumkronen. Den groben Mulch benutze ich für alles andere. In vielen Gartenvereinen gilt der Mulch neben Platten als zulässig, wenn Rasenfläche nicht mehr erlaubt ist. Platten besitzen den Makel, dass sie arbeiten und dazwischen das Unkraut hervorkommt. In einer Mulchdecke lässt sich Unkraut einfach herausziehen. Jedes Kräutchen ist sofort zu erkennen. Ich darf dazu sagen, dass Rasen auf Mulch nicht anwächst. Es gibt jedoch ein paar Unkräuter, die recht hartnäckig trotz Mulchdecke wachsen. Mulch als natürlicher Belag wirkt auch für das Auge erholsamer als Betonplatten. Er ist wasserdurchlässig und versiegelt die Böden nicht. Wer wirklich mit der Natur arbeiten möchte, der lässt Wiese wachsen.

Bild 6: Leicht zu pflegende Wiesenflächen

7.4 Wiesen - arbeiten mit natürlichem Bewuchs

Die Wiese, ein natürlicher Bewuchs, eignet sich für alle Gärten. Die Anbauflächen grenzt man durch Barrieren von der Grünfläche ab. Viele Leute unterhalten im Garten einen Rasen. Der Rasen besteht aus wenigen Grasarten. Er ist eine klassische Monokultur, die zu einer Mischkultur gelangen möchte. Darum wachsen Unkräuter im Rasen. Die Gärtner steuern mit allen Mitteln dagegen. Das kann man sich sparen. *Wiese* heißt das Zauberwort. Die Wiese ist eine gewachsene Mischkultur. Wer wilde Wiesen beobachtet, erkennt, dass im Jahresverlauf immer neue Kräuter aufsprießen, blühen und Samen werfen. Danach kommt die nächste Pflanzenart. Eine Art löst die andere in perfekter Symbiose ab. In der Wiese leben Kleinlebewesen, Wildtiere und Pflanzen einträchtig im Naturkreislauf zusammen. Im Garten greift der Mensch mit dem Rasenmäher ständig ins Gleichgewicht ein.

Ich empfehle Ihnen, die Wiese artenreich wachsen zu lassen, regelmäßig zu mähen und nur die unerwünschten Unkräuter auszustechen. Für mich sind Gänseblümchen und Klee kein Problem. Über Kleestellen läuft es sich barfuß angenehm. Gänseblümchen kann der Mensch für Salate benutzen. Ich steche jedoch Disteln und Löwenzahn aus. Den Löwenzahn entferne ich, weil er auf den Wiesen leicht die Überhand gewinnt. In unberührten Wiesen würden Disteln und Löwenzahn zurückgedrängt. Auf unseren Großstadtgrünanlagen gewinnen diese hartnäckigen Unkräuter regelmäßig die Oberhand. Ansprechend sieht anders aus. Wiesen erfüllen im Garten auch die Funktion, dass sie vorkommenden Schädlingen ein zu Hause bieten. Finden die Schadinsekten diese Grünflächen nicht vor, fällt ihnen Ihr Gemüse zum Opfer. Schmetterlinge legen Eier und die Raupen vergraben sich im Boden. Schnecken fressen überall Grünzeug ab. Bevor ich die chemischen Bekämpfungsmittel auspacke, kann ich durch die Wiese eine alternative Heimat für Kleinlebewesen anbieten. Sie ist attraktiver als meine

Anbaufläche. Die Beete halte ich für den Nahrungsanbau unkrautfrei. Die Wiese wird mehrmals im Jahr gemäht, damit sich die Unkräuter nicht zu arg vermehren. Ich sähe bewusst in kahle Stellen etwas Rasensamen nach. Ansonsten siedelt sich dort garantiert das nächstbeste Kraut an.

Sind wir ehrlich. Eine Wiese um die eigenen Beete oder auf den Hauptwegen ist grün und erfrischt das Auge. Die grüne Farbe der Natur wirkt positiv auf das Wohlbefinden des Menschen. Braune Rindenmulchflecken oder kahle Beete wirken nicht so erholsam, wie eine Wiese. Der Mensch ist ein Teil der Natur. Die Natur muss ein Teil von ihm sein. Nur dadurch schwingt alles im Einklang miteinander. Wer jemals im Großstadttrubel eine Kleingartenoase betreten hat, versteht, wovon ich spreche. Es gibt nichts Schöneres abends nach der Arbeit in ein Stück Natur einzutreten, einen Kaffee zu schlürfen und draußen in der Sonne zu sitzen. Das nenne ich mein Stück vom Paradies.

Wiesen eignen sich hervorragend für Hauptwege um den Garten herum. Sie bilden eine dichte Deckschicht. Ich studierte das Verhalten von Wühlmäusen ausgiebig. Die Viecher sind genauso faul, wie wir Menschen. Die graben nicht in harte festgetrampelte Wiesenwege. Sie mögen durchgehackte Seitenstreifen. Meine Nachbarn bekommen regelmäßig Probleme mit den Mäusen. Ich machte ihre Bekanntschaft vor allem im Komposthaufen.

Dort gibt es Küchenabfälle zu fressen. Wenn ich im Winter nicht im Garten war, kamen die Biester in meine Petersilienbeete. Zwei der Fresser richten bereits ordentlich Schaden an. Dagegen gehe ich radikal mit Mausefallen vor. Leider erlegte ich mit meinen *SuperCat-Fallen*[1] auch einen Hermelin. Bei meinen Kindern löste das einen regelrechten Hermelin-Hype aus. Im Winter trägt der Hermelin ein schneeweißes Fell mit schwarzer Schwanzspitze. Das arme Vieh jagte die Wühlmäuse. Es versuchte, in einen Gang zu gelangen, und wurde am Kopf von meiner Falle erwischt. Der Hermelin ist bedauerlicherweise jämmerlich verblutet. Daran sah ich, mit welcher Wucht, die Fallen zuschlagen. Die Mordmaschinen verlieh ich unzählige Male an Gartennachbarn. Selbst erfahrene Wühlmäuse tappen hinein. Die Abschussquote liegt bei nahezu 100 Prozent.

Zurück zur Wiese. Sollten Sie die Gelegenheit bekommen, einen Wiesenstreifen rund um den Garten laufen zu lassen, tun Sie es. Der Streifen bildet eine Barriere für Ungeziefer. Schnecken bleiben im Grünstreifen. Sie kommen gar nicht erst ins Beet. Sie finden dort bereits Nahrung. Wühlmäuse suchen sich Gärten aus, die bequemer von unten zu erreichen sind. Sie bleiben deshalb lieber in Nachbars Garten. Ich beobachte das

---

[1] SuperCat ist eine Schweizer Markenfalle. Sie funktioniert nach einem Pendelprinzip. Man braucht keine Köder. Die Falle stellt man normalerweise in den Wühlmausgang. Geht die Maus durch den Fallengang, berührt sie das Pendel. Die Falle schlägt von oben her zu. Die Maus wird zertrümmert. Ich stelle die Fallen direkt vor die Mauselöcher. Das funktioniert genauso.

Verhalten der Schädlinge über die Jahreszeiten. Man muss dem Viehzeug mit der Natur beikommen. Das ist viel günstiger, als chemische Waffen einzusetzen. Da meine Kinder im Garten umherspazieren, muss ich mit Giften vorsichtig umgehen. Ich möchte schließlich nicht die eigenen Kinder mit Wühlmausködern erlegen.

Wer einmal über einen Wiesenweg gelaufen ist, wird bestätigen können, dass sich der Bewuchs angenehm tritt. Da kann keine Kunststoffplatte der Welt mithalten. Weiche Böden sind für unsere Füße am angenehmsten zu treten. Rindenmulch mag eine Alternative sein, wenn man keinen Rasenweg anlegen darf. Ich liebe die Stückchen Wiese rund um meine Hochbeete und meine Seitenstreifen. Es sieht klasse aus, wenn man von vorne in den Garten schaut.

Bild 7: Die Wiesenwege um meine Hochbeete lassen sich leicht mit dem Rasenmäher pflegen. Ein Teil des Rasenschnitts bleibt liegen und vertrocknet. Es bildet den natürlichen Rasendünger.

7.5 Unkrautfreie Wege und Terrassen

Viele Leute legen die Wege mit Betonplatten aus. Zahlreiche Terrassen werden auf diese Weise errichtet. Das Ergebnis sind Unkräuter in den Ritzen. Mit den Jahren triften die Platten auseinander. In den Ritzen sät sich Unkraut ein. Man kratzt die hartnäckigen Unkräuter mit allerlei Werkzeugen heraus. Das ist mühselig. Ich empfehle vor allem für Wege zwischen den Beeten, irgendetwas zu verlegen. Ansonsten wächst auf den braunen Wegen Unkraut ohne Ende. Ich hatte Betonplatten übrig. Damit legte ich die Wege zwischen den Beeten aus. Dadurch muss man viel weniger Unkraut jäten.

Bild 8: Die Wege zwischen den Beeten wurden mit Platten ausgelegt. Für die Hauptwege verwende ich Rasen oder Rindenmulch. Ein Rasenweg wirkt erholsamer fürs Auge.

Am Gartenhaus sollte man eine Art Terrassenfläche auslegen. Mir dient der Bereich zum Basteln. Hier stelle ich meine Sägeböcke auf, wenn ich Spaliere oder Hochbeete baue. Man benötigt irgendwo eine halbwegs trockene Fläche, wo man das Werkzeug hinlegen kann.

Bild 9: Auf der Terrasse entstanden Spaliere und Hochbeete. Diese trockene Fläche ist wichtig für handwerkliche Tätigkeiten. Mein Sohn benutzt sie gerne als Spielplatz zum Steinestapeln.

Wasserdurchlässige Kunststoffplatten mit einem Klicksystem könnte man ebenfalls als Terrasse montieren. Ich bekam von einem Gartennachbarn ein paar Terassenplatten geschenkt. Die legte ich lose über den Rasen. Vergessen Sie es, die Platten aufwendig zu verlegen. Der Boden arbeitet so sehr, dass nach zwei Jahren sowieso alles wieder krumm und schief aussieht. Das bleibt nur aus, wenn Sie massiv mit Kies und Sand unterfüttern. Das wollte ich jedoch nicht. Drei große Platten ganz vorne neben dem Vogelhaus bilden den Grillplatz. Ringsherum wächst Rasen. Die Ritzen halte ich mit dem Dachdeckerbrenner sauber. Bei hartnäckigen Wurzelunkräutern darf man gerne punktuell auf ein Herbizid oder Essig zurückgreifen. Die Mittel bespreche ich noch ausführlich. Besonders gut eignen sich Holzbohlen für die Beetwege. Unbehandelte lange Bretter in die Wege gelegt, ist das Beste.

Bild 10: Ungehobelte alte Holzbretter eignen sich ebenfalls für die Wege zwischen den Beeten. Ich habe es als Abschluss zum Tobinamburbeet verwendet.

Das Holz zersetzt sich langsam. Es hat keine Ritzen, aus denen Unkraut hervorsprießen kann. Wenn die glatten Bohlen nass werden, kann es passieren, dass sie ausrutschen. Daher sind ungehobelte raue Hölzer geeigneter. Wer keine 4 Meter Bohlen transportieren kann, darf auch Holzbretter miteinander verbinden. Nach meiner Erfahrung steht der Gärtner dadurch nie in schlammigen Wegen. Seien Sie kreativ! Benutzen Sie vorhandene Materialien, die sonst wegfliegen würden. Es gibt bestimmt Abfälle, die man sinnvoll verwerten kann. Dem Unkraut sollte man so wenig wie möglich Angriffsfläche bieten. Ich fand bei Grabungsarbeiten für den hinteren Gartenbereich eine massive Metallplatte. Auf der Platte staple ich heute wunderbar meine Backsteine.

Schauen Sie durch Ihre Umgebung! Welche Sachen lassen sich kostenlos nutzen? Ich kann mir vorstellen, dass Sie bei Sperrmüllentsorgungen auch Holzplatten finden, die Sie zurecht sägen können. Ich wollte dafür nicht extra Geld ausgeben. In meiner Kleingartenanlage fällt immer bei jemandem etwas ab. Für den Garten reichen vielfach gebrauchte, umfunktionierte Dinge aus. Wer es edler gestalten möchte, sollte Kunststoffplatten mit einem Klicksystem einkaufen.

7.6 Sinnvolle Begrenzungen der Anbaufläche

Wer verhindern will, dass Unkraut und angrenzende Rasenflächen in die Beete drücken, sollte die Beete einrahmen. Hochbeete sind aufgrund des Kastens, vom Umfeld weitgehend abgegrenzt. Die Wiese drum herum wird abgemäht. Bei Bodenbeeten graben viele Gärtner Kantensteine ein. Ich trenne meine Seitenstreifen auf diese Weise von der Wiese ab.

Bild 11: Rasenkantensteine zur Begrenzung des Seitenstreifens.

Es ist mit Schwerstarbeit verbunden, wenn man Rasenkantensteine aus Beton verlegt. Ich kaufte Tonnen dieser Steine. Die Schlepperei ist schweißtreibend. Die paar Euros für die Betonteile sind jedoch hervorragend investiert. Der Rasenbereich wird mit dem Rasentrimmer abrasiert. Die Beetstreifen lassen sich bestens bearbeiten. Die Grundstücksgrenze zum Nachbargarten befestigte ich mit roten Rasenkantensteinen. Die Grenzlinie ist klar gezogen. Die Platzverhältnisse sind damit geklärt. Früher legte der Nachbar doch die ein oder andere Sache in meinem Gartengebiet ab. Es heißt nicht umsonst im Volksmund, ein guter Zaun macht einen guten Nachbarn.

Bild 12: Die rote Steinkante wurde von vorne bis hinten als Grundstücksgrenze durchgezogen. Sie grenzt meinen Garten Nummer 33 von Nachbars Garten mit der Nummer 34 ab.

Vorhergehende Besitzer brachten alles Mögliche als Gartengrenze ein. Ich fand abgefaulte Holzpalisaden, unqualifiziert eingegrabene Terrassenplatten und ein Stück angefangene Rasenkantensteine vor. Die Kantensteine zog ich als Begrenzung nach hinten durch. Der Gartennachbar half mir dabei. Auf der anderen Gartenseite hatte ich einen niedrigen Zaun stehen. Die Steinkante hängt auch damit zusammen, dass man keine Zäune mehr zwischen den Grundstücken setzen darf. Ich finde eine Kombination aus Zaun und Wurzelsperren besser. Dadurch kann Nachbars wurzelausläufertreibendes Zeug nicht herüberwachsen. Die Kaninchen, Kinderbälle und Nachbars Hunde bleiben durch Zäune auf Ihrer Seite. Die Kombination ist wieder der Königsweg. In Kleingartenanlagen muss ich jedoch Kompromisse eingehen. Sie sehen, vieles ist möglich. Es gibt sogar Leute, die Steingabionen als Grundstücksbegrenzung aufstellen. Die Metallkörbe dafür sind sauteuer. Eine niedrige Backsteinmauer wäre auch in Ordnung. Die Steine speichern die Sonnenwärme und geben Sie nachts ab. Pflanzen vor den rückstrahlenden Wänden gedeihen prächtig. Ich nutze meine Hauswand-Beetstreifen deshalb für Tomatenpflanzen.

Sinnvolle Begrenzungen der Anbaufläche

Bild 13: Auf den zwei Beetstreifen ums Haus gedeihen Petersilie, Sellerie, Lavendel, Tomaten und Gurken besonders prächtig. In Frankfurt überleben die Pflanzen so geschützt sogar den Winter. Es ist schön, auch im Winter frische Petersilie ernten zu können.

8. Wiesen statt Rasen

Mein Loblied auf die grünen Flächen zwischen den Hochbeeten kennen Sie bereits. Der Unterschied zwischen Rasen und Wiese besteht darin, dass Wiese etwas natürlich Gewachsenes ist. Rasen hingegen ist eine Monokultur aus bestimmten Grassamen bestehend. Der Rasen fällt genauso in eine Mischkultur zurück, wie jede andere Fläche. Im Laufe von 3 Jahren siedeln sich zahlreiche Unkräuter darin an. Wer einen Golfrasen aufrechterhalten möchte, kann das nur mit chemischen Mitteln erreichen. Die Wiese hingegen bietet vielen Kräutern einen Lebensraum. Ich tendiere bei den Hauptwegen klar zu Wiesenwegen, die man regelmäßig abmäht, damit sich das Unkraut nicht aussät. Die zwei Stunden Rasenmähen alle paar Wochen sind verkraftbar. Wer hingegen versucht, Flächen erdbraun zu halten, weiß, dass der Kampf gegen das Unkraut aussichtslos ist. Die Natur holt sich in kürzester Zeit den Lebensraum zurück und besiedelt ihn. Warum kämpft der Mensch gegen die Natur, anstatt mit ihr zu arbeiten?
Entweder muss man Rindenmulch nutzen, dessen Gerbsäuren das Aufkeimen von Rasen verhindern. Oder man lässt gleich eine Wiese wachsen und sät bewusst in kahle Stellen Grassamen ein.

8.1 Rasenaussaat

Wer einen attraktiven Rasen aussäen möchte, steht vor einer ungeheuren Samenauswahl. Da gibt es Strapazierrasen, Spielrasen, Golfrasen bis hin zum Rollrasen. Den Kunstrasen lasse ich jetzt einmal außen vor. Aus eigener Erfahrung weiß ich, dass sich die Natur auch Rasenflächen zurückholt. Egal wie viel Sie investieren, es ist das Geld nicht wert. Ich nutze daher mittelschnell wachsende Rasensorten für die Wege. Dadurch kann ich im Sommer gut darauf Herumtrampeln, ohne das er gleich krepiert. Wer Kinder hat, sollte sowieso keinen langsam wachsenden Golfrasen aussäen. Meine Kinder nehmen beim Spielen keine Rücksicht auf Neueinsaaten. Sie verhalten sich scheußlicher als Maulwürfe und Wühlmäuse zusammen. Da wird mit Schaufeln umgegraben und freiweg Papas Werk ruiniert. Man kann den lieben Kleinen dafür nicht einmal böse sein. Sie wollen spielen. Sie graben mir regelrechte Krater in brachliegende Beete. Inzwischen lege ich ihnen Spielecken an, wo sie nach Herzenslust buddeln dürfen. Ein Garten muss einen Freizeitwert für die Familie mitbringen. Kinder gehören zum Gartenleben dazu.

Die Rasenindustrie verkauft Ihnen am Ende alles Mögliche überflüssige Zeug. Auch ich fiel darauf herein. Meinen Aussaatwagen habe ich gleich wieder veräußert. Er war absolut sinnlos. Kaufen Sie sich eine billige Rasenmischung! Säen Sie mit der Hand großzügig aus. Den Rest erledigt der liebe Gott mit dem Regen. Rasen braucht Licht, Wasser und Wärme zum Wachsen. Sie werden kaum glauben, dass Rasen selbst im Herbst oder an warmen Wintertagen zu keimen vermag. Ich konnte es oft beobachten. Ich säte im Oktober, November und anderen unmöglichen Monaten aus. Es heißt, dass man Rasen nur in Frühjahrs- bzw. Herbstmonaten aussäen sollte. Im Sommer verbrennt die Neueinsaat, wenn man nicht ständig gießt. Ich kann von mir behaupten, ich habe schon in allen Monaten Grassamen ausgesät. Am Ende gibt es warme Winter und kalte Sommer. Säen Sie einfach, wenn Sie Zeit dazu haben. Falls es nichts wird, nachsäen hilft. Das muss man nicht so genau nehmen. Sie sollten allerdings darauf achten, dass auf neu eingesäten Flächen nicht gleich Kinder darauf herumtrampeln. Die lieben Kleinen ruinieren garantiert alles. Frisch aufkeimender Rasen verkraftet das nicht. Wenn die Einsaat zu Büscheln herangewachsen ist, kann man beruhigt drauf treten. Vergessen Sie das Mähen nicht. Nichts ist unschöner als nicht gemähter Rasen. Je höher die Gräser wachsen, umso schwerer lassen sie sich abmähen.

8.2 Die richtige Wiesenpflege

Ich möchte es nicht Rasenpflege nennen, da ich eine Wiese kultiviere. Unkräuter lasse ich wachsen. Ich entferne nur die hartnäckigen Unkräuter. Disteln und Löwenzahn sind mir zuwider. Ich laufe gerne barfuß über die Wiese. Wer läuft schon gerne über Disteln? Klee dagegen tritt sich angenehm. Die Bienen mögen Klee besonders gerne. Ich mähe auch deshalb regelmäßig, damit ich nicht in Bienen treten muss. Die Stiche sind schmerzhaft. Ich bin in einige Viecher getreten. Geschwollene Füße waren das Ergebnis.

Wiesen sind ein Segen für den Gärtner, da er das Unkraut auf diesen Flächen kaum bekämpfen muss. Mit einer Kombination aus Wiesenflächen, Wiesenwegen und Mulchabdeckungen reduziert man die Arbeit am Unkraut erheblich. Selbst größte Gärten bleiben beherrschbar. Die Flächen, auf denen wir anbauen, werden bewusst vom Rest der Botanik abgegrenzt. Die Unkrautdurchgänge finden auf wenigen Quadratmetern statt. Ein weiterer Vorteil ist es, dass man das Unkraut, dass man im Seitenstreifen zupft, auch auf die Wiese werfen kann. Es vertrocknet dort. Es düngt gleichzeitig den Boden. Vor allem, wenn ich gieße, rupfe ich einzelne Pflanzen ab. Ich werfe sie direkt auf die Wiese daneben. Bei Rindenmulchdecken funktioniert das nicht. Jetzt verstehen Sie auch, warum ich so verdammt schnell bin. Bei 400 Quadratmetern halte ich keine 100 Quadratmeter permanent unkrautfrei.

Kommen wir jetzt zum Rasenmähen. Man sollte das ganze Jahr über regelmäßig den Rasen mähen. Ich benutze einen Elektromäher und eine Elektrosense mit Faden für die Kanten. Ich muss jedoch zugeben, dass mich das Elektrokabel tierisch nervt. Im Fangsack wird der Rasenschnitt vom Mäher gesammelt. Den Sack entleere ich hinten am Gartenzaun. Dadurch wird das Bachufer gedüngt. Ich entsorgte vorher den Rasenschnitt auch unter Büsche, Bäume und im Kompost. Ich kann das nicht mehr empfehlen, da der feuchte Rasen anfängt zu schimmeln und nicht richtig verrottet. Außerdem sät man die abgemähten Samen direkt in den Stellen ein, die man unkrautfrei halten möchte. Heute packe ich lieber eine frische Schicht Humuserde unter meine Büsche. Im Winter eignen sich jedoch Laub und Pflanzenreste gut als Abdeckung gegen den Frost. Die Himbeeren lasse ich deshalb bewusst mit Laub zuwehen. Auf diese Weise sind die Wurzeln frostgeschützt.

Bild 14: Das Laub bietet sehr guten Frostschutz für Himbeeren.

Die Rasenmähertechnik schreitet voran. Die Akkus werden leistungsstärker. Trotzdem gab es 2016 noch keine brauchbaren schnurlosen Elektromäher. Benzinmäher finde ich zu laut. Der Gestank ist fürchterlich. Für meinen kleinen Garten kommen daher nur Elektromäher infrage. Ich warte sehnsüchtig auf einen Akkumäher, der leistungsstark genug für meine geliebte Wiese ist. Die Kabeltrommeln ständig umzustellen nervt mich gewaltig. Der Kabeltransport mit den Händen verlangsamt die Mäharbeiten unnötig. Mit einem schnurlosen Mäher ginge das alles ratzfatz. Die Motorsense mit Fadenspule benutze ich, um die Kanten an den Steinen und den Hochbeeten abzuschneiden. Ich verbrauche jedoch nahezu eine Fadenspule je Kantenschnittdurchgang. Im Internet las ich ein paar Tipps dazu. Kaufen Sie sich ein paar Originalspulen. Werfen Sie diese nicht weg, wenn sie leer sind. Danach kaufen Sie sich den Faden als Meterware und wickeln ihn eigenhändig auf. Mir bereiteten die komisch verklebten Fäden in der Spule meines Gardena-Trimmers üble Probleme. Seit ich nachfülle, bleibt das Theater aus. Nichts ist nerviger als ein Faden, der plötzlich weg ist. Man darf das Gerät öffnen und muss mit dem Schraubenzieher den Faden von der Spule fummeln, um anschließend alles wieder zusammenzubauen. Der Zeitverlust ist immens. Die Psyche leidet. Es nervt tierisch. Ich fand im Internet eine Art Kunststofffaden, der kompostierbar ist und sich zersetzt. Fadenstücke, die in der Wiese liegen bleiben, verrotten auf diese Weise. Ich nehme an, das ist die kostengünstigste Lösung. Wer jedoch viel Geld besitzt, kann sich auch Profigeräte von Stihl kaufen. Die funktionieren mit einer Art Scherensystem. Dadurch kommt man dicht an die Steine, der Rasen wird abgeschnitten. Größere Fremdkörper werden abgestoßen. Das Patent kostet leider viele Hundert Euro. Das lohnt sich bei meiner Schnittfläche im Leben nicht. Mit der Wickelfadenmethode fand ich einen brauchbaren Kompromiss. Der Nachfüllfaden ist preiswert. Gegenüber dem Neukauf der Originalspulen spare ich ordentlich Geld ein.

Bild 15: Rasentrimmer Gardena PowerCut 500 mit kompostierbarem Nachfüllfaden.

Mein Elektromäher ist ein Fabrikat der Firma Wolf. Die Messer kann man nachkaufen und auswechseln. Ich kann nicht sagen, welches der beste Elektromäher ist. Es gibt eine Fülle an Fabrikaten. Ich kann nur davor warnen billige Baumarktprodukte zu verwenden. Die gehen in der Regel zu schnell kaputt. Wer Geld hat, findet im Profibereich viel bessere Produkte. Ich kann zumindest sagen, dass mein Wolf Mäher bereits einige Jahre durchhält. Es gibt Kleinigkeiten am Gerät, die mich nerven. Wenn der Rasen hochgewachsen und nass ist, hat man unüberwindliche Probleme. Mit einer Motorsense kann man in diesem Fall trotzdem arbeiten. Ich warte sehnsüchtig auf den ersten Mäher mit ausreichender Akkuleistung. Ich würde mir sofort einen Wechselakku dazu kaufen. Den einen Akku lädt man auf. Den anderen benutzt man. Die heutigen Akkus halten jedoch bei schwacher Leistung nur ein paar Minuten durch. Man sollte eine Stunde je Akku-Ladung mähen können. Diese Akkuleistung ist am Markt leider noch nicht verfügbar. Bis dahin nutze ich weiter meine ungeliebte Kabeltrommel. Irgendeinen Tod muss man sterben. Rindenmulch hat den Vorteil, dass man an die Stellen nicht mit einem Rasenmäher hinkommen muss. Ich habe darum auch die hinteren Gartenbereiche mit Rindenmulch ausgestreut. Auf die Weise spare ich mir einigen Aufwand mit der Kabeltrommel. Die Kabelreichweite ist begrenzt. Sie ist grundsätzlich zu kurz. Der Mäher muss jedes Mal zurückbewegt werden, weil das Kabel dran hängt. Mit einem schnurlosen Gerät würde man sofort um die Ecken kurven. Die Mähgeschwindigkeit stiege spürbar an. Selbst wenn ich einen Akkuwechsel vornehmen müsste, wäre ich ratzfatz fertig. Ich schätze, dass aus 1,5 bis 2 Stunden Rasenmähen eine Veranstaltung von höchstens einer Stunde werden würde. Für den Freizeitgärtner, der nach der Arbeit den Garten pflegt, ist das eine Ewigkeit.

Ich betrachte meinen Garten grundsätzlich im Aufwand-Nutzen-Verhältnis. Die Anlage sollte Früchte liefern. Der Erhaltungsaufwand überschaubar bleiben. Der Rentner muss sich darum freilich keine Gedanken machen. Wer jedoch berufstätig ist, Familie und Kinder hat, für den ist jede freie Minute kostbar. Da bedeutet es etwas, eine Arbeitsstunde einzusparen. Das Unkraut will auch beseitigt werden. Der Prozess lässt sich nicht automatisieren. Er wird wohl auf ewig mühsame Handarbeit bleiben.

9. Feuer, die Anti-Unkraut-Geheimwaffe seit uralten Zeiten

Bereits in der Bibel steht, dass das Unkraut ins Feuer geworfen wird. Jesus erklärt seine Thesen im Neuen Testament anhand dieses Beispiels. Er sprach zu den einfachen Bauern, die das Beispiel verstanden. Es ist für mich der erste schriftliche Beweis, dass die Menschen schon vor über 2.000 Jahren Unkraut verbrannten.

Wer im Garten eine Feuerstelle einrichten kann, sollte das unbedingt tun. Leider darf man in vielen Kleingartenanlagen kein Unkraut verbrennen. Mehrere Leute, die es taten, ermahnte der Vorstand eindringlich. In einigen Erdteilen gehören Brandrodungen zum Alltag. Die Bauern wissen dort, dass Asche ein ausgezeichneter Dünger ist. In Deutschland schaffen viele das Unkraut aus dem Garten heraus. In professionellen Kompostieranlagen können die Temperaturen auf über 60 Grad durch chemische Prozesse angehoben werden. Darum überlebt dort kein Unkrautsamen. Ich habe meine Hochbeete in der obersten Schicht mit solchem Kompost aus der Kompostanlage befüllt. Wer die Böden eingehender untersucht, erkennt das viele Plastik, das darin enthalten ist. Es ist ein echtes Unglück für die Natur. Verbrennen ist für Plastikabfälle geeignet. Der Grundrohstoff ist immerhin Erdöl. Wenn Sie zündeln dürfen, tun Sie es. Ich muss mir leider anderweitig behelfen.

Ich kaufte mir mal einen Dachdeckerbrenner mit einer 11-kg-Propangasflasche. Ich musste das Dach meines Gartenhauses neu eindecken. In der Gartenanlage sah ich Leute, die mit Spraydosen das Unkraut auf dem Weg abbrannten. Da ich Gas übrig hatte, begann ich mit dem Dachdeckerbrenner zu arbeiten.

Bild 16: Mit dem Brenner bekommt man die Wege schön sauber, da auch die Samen mit verglühen. Wurzelunkräuter sollte man vorher ausstechen.

Der Brenner eignet sich hervorragend, wenn man Unkraut auf der Fläche vernichten möchte. Ich reinige damit meine Terrasse. Das aufsprossende Unkraut zwischen den Platten wird abgefackelt. Man muss aufpassen, dass man keine trockenen Tage dafür verwendet. Nasse Tage nach dem Regen eignen sich am besten. Dann ist fast niemand in der Anlage. Die Brandgefahr ist ausgeschlossen. Den Kiesweg vorm Garten reinige ich meistens mit Feuer. Es hat den gewaltigen Vorteil, dass die Samen mit verglühen. Wer nur das Unkraut ausreißt, beseitigt nicht die am Boden liegenden Samen. Im Ergebnis muss die nächste Unkrautgeneration erneut gerupft werden. Sie werden es merken, wenn Sie die Wege abgefackelt haben. Brachliegende Flächen reinige ich zuerst mit Feuer, auch wenn kein Unkraut zu sehen ist. Im Feuerschein erkennt man dann die vielen aufglühenden Punkte. Das sind Samen, die aufkeimen möchten. Ich spreche in dem Zusammenhang von einer Feuerbehandlung meiner Beete vor der Neueinsaat. Wer so verfährt, muss sich weniger plagen.

Der Nachteil von Rindenmulchabdeckungen zeigt sich dabei besonders. Da der Mulch aus Harz und Holz besteht, brennt er leichter als eine Wiese. Wenn ich ein Beet mit Feuer behandle, muss ich darauf achten, dass es ordentlich geregnet hat. Der Mulch ist dann nass. Trotzdem muss ich aufpassen, dass ich dem Zeug mit der

Brennerflamme nicht zu Nahe komme. Die Wiese ist viel besser zu handhaben. Da versengt man nur ein paar Grashalme, die wieder nachwachsen. Die Beetränder kann man beruhigt abfackeln, ohne sich sorgen zu müssen. Ich möchte es bekräftigen. Ich bin ein großer Feuerfan. Es ist das natürlichste Mittel zur Vernichtung und Desinfektion. Menschen nutzen es seit uralten Zeiten für ihre Zwecke. Legen Sie die Bestimmungen großzügig aus. Grillen darf man schließlich auch im Garten.

Einen Tipp gebe ich noch zum Kauf eines Brenners und der Gasflasche. Kaufen Sie einen richtigen Dachdeckerbrenner und keine Spielzeuge mit Sprayflaschen. Je heißer die Flamme in der Breite brennt, umso besser. Wird der Feuerstrahl zu breit, lassen sich die Ränder nur schwer behandeln. Die Flamme greift dann zu leicht auf angrenzende Gewächse über. Den Vorteil von Steinkanten werden Sie in dem Zusammenhang erst richtig schätzen lernen. Benutzen Sie deshalb keine Kunststoffsteine. Die vertragen kein Feuer und schmelzen. So ein richtiger Betonstein kann alles ab. Die Gasflasche wählen Sie bitte so klein, wie möglich. Es ist eine Strafe eine 11-kg-Flasche umzusetzen. Ich hatte sie übrig. Die nächste Flasche wird eine 5-kg-Campinggasflasche. Die trägt sich leichter. Das Gas können Sie bequem im Gartenhaus lagern. Die Flaschen vertragen auch Hitze. Mir sagte mal ein Baumarktmitarbeiter, dass die Überdruckventile zum

Schutz da sind. Wird der Druck in der Flasche zu hoch, blasen die Sicherheitsventile ab. Die Flaschen gehören jedoch nicht in die pralle Sonne. Wer so was macht, ist lebensmüde. Eine explodierende Gasflasche entfaltet die Wirkung einer Splitterbombe. Das darf man nicht vergessen. Eine Gasflasche reicht, um ein kleines Haus, wie ihr Gartenhaus zu sprengen. Gehen Sie darum vorsichtig damit um. Behandeln Sie die Teile am besten, wie rohe Eier. Das ist der beste Umgang damit.

10. Pflanzungen richtig anlegen

Wer Unkräuter schnell bekämpfen können will, muss auch die Pflanzen im Garten richtig setzen. Bei den Bäumen baue ich Spaliere oder setze sie frei als Viertelstamm. Rings um die Bäume lege ich mit einfachen Dachlatten einen Ring. Der äußere Bereich besteht aus Wiese oder Rindenmulch. Da Spaliere durchgezogene Drähte beinhalten, sollte man hinter dem Spalier einen schmalen Gang zur Gartengrenze lassen. Dadurch kann ich das Unkraut am Gartenzaun, hinter dem Baum gut entfernen.

Bild 17: Hinter den Baumspalieren sollte genügend Platz bleiben, um das Unkraut entfernen zu können.

Bei Büschen, die nebeneinander gepflanzt werden, sollten die Abstände großzügig gewählt werden. Man sollte, um den Busch herumlaufen können. Wenn man im Kriechgang um den Busch robbt, weil die Äste im Weg sind, bereitet das keine Freude. Sie sollten sich alles so günstig, wie möglich anlegen. Ich kenne viele Leute, die Bodendecker pflanzen. Das mag zwar nach etwas aussehen, stört jedoch im Bereich von Bäumen. Ich hatte früher Bäume und Kresse kombiniert, damit das Ungeziefer von der Kresse angezogen wird. Das Ergebnis war, dass ich die wilden Wucherungen der Kresse irgendwann kaum noch beherrschte. Abgesehen davon, dass die Kresse mit schwarzen Läusen überzogen war. Ich packe lieber zweimal im Jahr die Giftspritze aus. Damit besprüht man kurz die Baumspitzen und das Problem ist Geschichte. Man muss nicht unbedingt die schärfsten Giftkeulen verwenden. Es gibt durchaus Spritzmittel mit Biozulassung. Die wirken etwas schwächer. Im Kleingarten spielt es keine Rolle, Obstertrag zu verlieren. Die Gartengewächse tragen so viel, dass ich Schwierigkeiten bekomme, alles zu verarbeiten. Da interessieren mich die paar Äpfel weniger nicht.

Wenn ich im Garten neue Pflanzungen anlegen will, gehe ich wie folgt vor. Zuerst grabe ich die Fläche bis zu dreimal um. Dabei fliegt alles Unkraut raus. Der Zeitraum beläuft sich auf ein bis zwei Jahre. Erst danach lege ich die Pflanzung an. Vor allem bei verwilderten Grünflächen ist das Vorgehen sinnvoll. Ansonsten läuft man Gefahr, dass hartnäckige Wurzelunkräuter permanent nach oben schießen, die man beim ersten Umgraben nicht erwischt hat. Ich machte diese leidige Erfahrung mit Pfingstrosen, Brombeeren, Zwiebelgewächsen und Ackerwinden. Es dauert, bis man die letzten Bodenaustriebe mit der Wurzel erwischt hat. Wenn Sie solche Freiflächen längere Zeit erhalten wollen, dürfen Sie auch Rasen einsäen. Den kann man danach wieder entfernen. Ich musste mein komplettes Grundstück umgraben. Aller Wildwuchs flog raus. Die Gewächse schichtete ich hinten im Garten auf. Es kamen drei meterhohe Hügel zusammen. Ich säte so viel Rasensamen aus, dass ich danach eine grüne Fläche hatte. Vorher wuchsen dort Bäume, Sträucher, Efeu und alles Unmögliche. Wenn man hinterher die Rasenflächen zurück kultivieren möchte, kann man mühsam die Soden abstechen oder legt über ein bis zwei Jahre eine lichtundurchlässige Plane auf.

Bild 18: Mit der Plane wurde der Rasen erstickt. Der Platz wird für Beerenbüsche vorbereitet. Der Vorgang dauert 1 bis 2 Jahre.

Bei Wurzelunkräutern und hartnäckigen Zwiebelgewächsen sollte man besser zur dreimaligen Umgrabemethode greifen. Ich hatte das Land auf dem Foto einmal bestellt und anschließend Rasen eingesät. Danach wollte ich Beerenbüsche darauf anpflanzen. Dazu legte ich die Plane aus. Der Rasen darunter geht kaputt, weil er kein Licht und kein Wasser mehr bekommt. Der Rasen an den Rändern der Plane wuchert umso kräftiger. Ich beschwere die Abdeckungen mit Backsteinen. Nachdem so eine Rasenmordplane zwei Jahre gelegen hat, bekommt man bestens durchbohrten Boden. Sämtliche Kleintiere, wie Regenwürmer hinterlassen ihre Gänge. Man gräbt danach um, glättet etwas und setzt die Pflanzen ein. Durch die Plane erspart man sich das mühselige Abstechen der Rasensoden. Inzwischen gibt es Maschinen, die den Rasen abzuschälen vermögen. Die Sodenschälmaschine nimmt einige Zentimeter Bodenfläche weg. Das Problem dabei ist der Deckschichtverlust. Die Humusdeckschicht ist im Garten bereits dünn genug.

11. Unkrautvliese, Folien und Kunststoffbarrieren

Ich sage ganz offen, dass ich kein Freund von Kunststoffen im heimischen Garten bin. Wer die Erde ansieht, entdeckt die zahllosen Kunststoffteilchen. Folien zersetzen sich nicht. Sie zerfallen in Tausende Stückchen. Wer schon einmal versucht hat, ältere Folien zu entsorgen, weiß das. Immer wieder zerreißen die Dinger. Am Ende ist es Stückchensalat. Gegen Pflanzen mit tief reichenden Wurzelausläufern helfen eingegrabene Kunststoffbarrieren. Lampionblumen, Bambus und Minze treiben brutal aus. Wer das Zeug in Seitenstreifen pflanzt und nicht begrenzt, bekommt Stress mit den Nachbarn. Man sollte zwischen den Gewächsen und den Rändern genügend Platz lassen, um das Unkraut rund herum entfernen zu können. Die Wucherungen schneidet man regelmäßig zurück. Einen Dschungel wünscht sich niemand im Garten. Viele Menschen erwarten, dass die Pflanzen das Auge erfreuen.

Minze läuft in einer Saison bereits an die Ränder der Barrieren. Sie treibt gnadenlos seitlich und nach oben aus. Wenn man nicht aufpasst, überwindet sie die Barriere. Die Triebe schlagen Wurzeln außerhalb der Begrenzungen. Liegen die Wurzelausläufer erst einmal außerhalb, haben Sie verloren. Vor allem Bambus ist gnadenlos. Die Ausläufer kriechen in 70 Zentimeter Tiefe.

Wer schafft es, diese Tiefe mit dem Spaten auszuheben?
Aus dem Grund pflanze ich das Zeug nicht ein.

Achten Sie unbedingt darauf, dass ihre Gartennachbarn nicht solche lästigen Sachen angepflanzt haben. Sie ärgern sich hinterher Tod. Ich weiß, wovon ich spreche. Ich bekämpfe oft die Raketen, die von Nachbars Ausläufern auf meiner Seite hochschießen. Wenn Sie an den Stellen etwas eingepflanzt haben, können Sie die unterirdischen Ausläufer kaum bekämpfen, ohne Ihre eigenen Pflanzen zu zerstören.

Viele Leute nutzen Unkrautvliese. Auf das Vlies wird meistens Holzhackschnitzel ausgestreut. Möglich sind auch schöne Kiessteine, farbige Pinienrinde oder Rindenmulch. Nach einiger Zeit siedelt sich das Unkraut trotzdem darauf an. Manche Unkräuter schaffen es, durch das Vlies hindurch zu wurzeln. Meiner Meinung nach taugt das Zeug nichts. Es kostet unnötig Geld. Es geht nichts über eine wundervolle grüne Wiese. Ich schätze, dass es der beste Kompromiss ist. Urteilen Sie selbst!

12. Unkrautvernichtungsmittel

Das Kapitel möchte ich nutzen, um Ihnen chemische und biologische Unkraut- und Schädlingsbekämpfungsmittel vorzustellen. In meinen Augen hat jedes Mittel seine Daseinsberechtigung. Ich halte nichts von den Biofritzen, die schreien: »Bloß keine Chemie!« Sie gehen in den Laden und kaufen Bioprodukte ein. Sie begreifen nicht, dass fast jedes Obst gespritzt werden muss. Äpfel und Birnen bekommt man nicht verkaufsfähig hin, wenn man nicht mit irgendwelchen Mitteln nachhilft. Wer kauft schon wurmstichige Äpfel oder Obst mit Schorfstellen? Für alles Unkraut, sowie Ungeziefer gibt es irgendein Mittel zu kaufen. Der Unterschied zum professionellen Anbau besteht wieder beim Thema Monokultur und der ausgebrachten Menge. Im Garten wirken die giftigsten Mittel nicht so belastend auf die Böden, wie im Erwerbsanbau. Während im professionellen Anbau Baum an Baum steht, befindet sich in meinem Garten immer noch irgendein Gewächs dazwischen. Der Hausgarten ist eine klassische Mischkultur. Er enthält nicht nur Apfelbäume, soweit das Auge reicht. In Obstplantagen wird mit Sprühfahrzeugen hindurchgefahren. Sie nebeln nach rechts und links alles in Giftwolken ein. Bio-Äpfel werden mit Mitteln gespritzt, die über eine Bio-Zulassung verfügen. Die Düngemittel werden ebenfalls für den Bio-Anbau zusammengestellt. In meinem Garten kann ich benutzen, was ich möchte. Der Riesenunterschied ist jedoch, ich bringe die Mittel punktuell dort aus, wo sie gebraucht werden. Ich sprühe nicht großflächig. Nein, ich benetze die Astspitzen, an denen sich Läuse breitgemacht haben. Im Erwerbsanbau wird nach dem Ungezieferzyklus gespritzt. Das Viehzeug siedelt sich dadurch nicht erst an. Die Chemie wird vorsorglich ausgebracht, um keine Erträge zu verlieren.

Die Menge an Schädlingsbekämpfern oder Anti-Unkrautmitteln im eigenen Garten beträgt einen Bruchteil von dem, was im Erwerbsanbau verspritzt wird. Das ist der gewaltige Unterschied von Erwerbsanbau und Hausgarten. Ich empfehle Ihnen, das Bio-Thema im eigenen Garten zu beerdigen. Ich setze lieber ein hochwirksames Mittel ganz vorsichtig und punktuell ein, als das ich Unmengen an unwirksamen Hausmittelchen ausprobiere. Vergessen Sie Backpulver gegen Ameisen oder Seifenlaugen gegen Blattläuse. Sprühen Sie lieber gleich auf die befallenen Stellen Bayer Calypso[1] in geringer Dosis. Das hilft sofort. Ameisenstreu aus der Dose wirkt ebenfalls umfassend. Die Giftmengen, die sich am Obst und im Boden anreichern können, fallen gering aus. Jedes Bio-Obst aus dem Erwerbsanbau enthält mehr Rückstände.

Jetzt aber zurück zum Unkraut. Unkraut bekämpft man am besten, indem man es kennenlernt. Benötigt es sauren Boden, wie der Ackerschachtelhalm? Dann benutzen Sie etwas Kalk an den befallenen Stellen. Wenn der Boden neutralisiert wird, wächst auch kein Schachtelhalm mehr. Wer Mulch ausbringt, sorgt jedoch

---

[1] Das Produkt heißt: Bayer Schädlingsfrei Calypso Perfekt AF.

dafür, dass ein leicht saurer Waldboden entsteht. Werfen Sie dort Kalkstickstoff darauf, zersetzt sich der Mulch umso schneller. Das wäre kontraproduktiv. Vermoost der Rasen, wird er leichter von Unkräutern besiedelt. Abhilfe schafft Vertikutieren und ein Rasendünger mit Kalkanteil. Ein Freund sagte mir: »Das beste Mittel für einen guten Rasen ist regelmäßiges Mähen.« Dem stimme ich zu. Mähen Sie den Rasen! Halten Sie ihn kurz. Dem Unkraut schneiden Sie dabei ständig die Blüten ab. Demzufolge fällt kaum Samen in den Rasen. Der Wind wird jedoch noch genug Samen von anderen Grundstücken herüberwehen.

12.1 Chemische Kampfstoffe

Ich lehne chemische Kampfstoffe nicht ab. Ich nutzte Roundup und Hedomat[1]. Roundup ist ein Vollherbizid. Durch das Glyphosat[2] geht jede Pflanze ein. Wenn zwischen den Terrassenplatten die Wurzelunkräuter hervorschießen, gibt es die biologische Möglichkeit die Platten abzuheben und mit dem Spaten die Unkrautwurzel auszubuddeln. Meistens erwischt man die Wurzeln nicht komplett. Das Dreckszeug kommt fröhlich wieder nach oben. Ein bisschen Roundup wirkt bis in die Wurzelspitzen. Das Unkraut geht ein und zersetzt sich. Bei Flächen, von denen ich nicht essen muss, setze ich solche Kampfstoffe als letztes Mittel ein. Es sollte jedoch

---

[1] Roundup ist von Monsanto und Hedomat von der Bayer AG.
[2] Wirkstoff in Monsantos Roundup.

die Ultima Ratio bleiben. Während der Schwangerschaft darf man Roundup keinesfalls anrühren. Ich habe während der Schwangerschaft meiner Frau und der Kleinkindphasen, das Teufelszeug verbannt. Gegen hartnäckige Wurzelunkräuter hilft leider nichts anders. Brombeeren sind beispielsweise Tiefwurzler. Man versucht das Zeug, gefühlte hundertmal auszubuddeln. Irgendetwas bleibt immer drin. Im nächsten Jahr erscheint die nächste Brombeerrakete. Man wartet, bis ein paar Blättchen am Stängel sind, und benutzt gezielt ein scharfes Vollherbizid. Danach ist das Problem Geschichte.

Sie können es auch, wie einer meiner Nachbarn handhaben. Sie gießen entlang Ihres Zaunes einen Vollvernichter, wie 80 prozentige Essigsäure. Am Ende wundert sich meiner einer, warum der Rasenstreifen plötzlich braun ist. Der Mensch hat leider nicht bedacht, dass die Wirkung in die Breite geht. Ich hatte anschließend von vorne bis hinten einen durchgehend braunen Streifen von ungefähr 20 Zentimetern Breite. Das gibt garantiert Stress.

Bei Baumstümpfen, die sich nicht entfernen lassen, ist ein scharfes Herbizid angebracht. Steht der Stumpf so ungünstig, dass man ihn nicht ausbuddeln kann, hackt man ihn oben ein und gießt etwas Herbizid darauf. Der Stumpf stirbt ab und zersetzt sich. Man muss daran denken, dass die Gifte in den Boden gelangen. Ich brauchte das zum Glück noch nie. In der Nähe von Gewässern ist es verboten, Herbizide auszubringen. Das Leben im Gewässer wird massiv geschädigt. Wenn heute selbst im Bier Glyphosat nachzuweisen ist, dann wurde über Jahre viel zu viel von dem Zeug benutzt. Für die übermäßige Bodenbelastung ist in erster Linie der Erwerbsanbau verantwortlich. Ich habe in meinem Leben nur den Inhalt einer Miniflasche Roundup punktuell versprüht. Da gibt es Patienten, die berieseln Ihren Golfrasen jährlich zweimal mit Hedomat. Die Brühe von Bayer ist ein sogenanntes Teilherbizid. Es wirkt gegen zweikeimblättrige Unkräuter. Da der Rasen einkeimblättrig ist, überlebt er die Behandlung. Die perfekten englischen Rasen lassen sich nur mithilfe solcher chemischen Kampfstoffe aufrecht erhalten. Jeder natürliche Mischkulturprozess wird radikal unterbunden. Jeder Rollrasen wird ab dem dritten Jahr von Unkräutern besiedelt. Da können Sie machen, was Sie wollen. Die Natur akzeptiert keine Monokulturen. Das ist Fakt. Am Rande sei noch erwähnt, dass man die meisten Herbizide am besten zweimal hintereinander im Abstand von zwei Wochen verschüttet. Danach gehen Klee, Gänseblümchen und Löwenzahn ein. Nach der ersten Kur fangen sie an zu mickern, nach der Zweiten sterben sie vollständig ab. Die Prozedur muss leider jährlich wiederholt werden. Jetzt verstehen Sie, wieso unsere Böden hochgradig belastet sind. Die konventionellen Bauern bringen das Herbizid großflächig mehrfach im Jahr aus. Wen wundert es da, dass dieses Zeug in unserem Trinkwasser nachweisbar ist?

12.2 Natürliche Mittel - Essig, Salz und Feuer

Es existieren auch natürliche Bekämpfungsmittel, die man genauso zur Unkrautbekämpfung einsetzen kann. Ich halte Feuer für das beste Mittel, da es nicht belastend auf den Boden einwirkt. Nach dem deutschen Bodenschutzgesetz darf man keine Säuren in den Boden einbringen. Das wäre Umweltverschmutzung.

Die Essigsäure ist vollständig biologisch abbaubar. Sie erzeugt ein saures Milieu. Ich kenne Dutzende Gärtner, die konzentrierte Essigsäure verwenden. Das ist in jedem Fall besser als ein Vollherbizid. Essig ist ein Stoff, der sich in der Natur rückstandsfrei zersetzt. Er kann mit Bodenkalk neutralisiert werden. Hartnäckige Wurzelunkräuter darf man getrost zuerst mit Essigsäure behandeln, bevor man die scharfen Herbizide auspackt. Erwarten Sie keine Wunder. Ich persönlich finde den Umgang mit Säuren problematisch. Man muss einen Hautschutz und eine Brille tragen, wenn man damit herumhantiert. Haushaltshandschuhe und bedeckte Arme sind Pflicht. Verätzungen der Haut sind gefährlich. Die konzentrierte Essigsäure kauft man am besten im Großhandel. Im Einzelhandel bekommen Sie nur die kleinen Mengen. Wer im Garten damit umgeht, benötigt kostengünstige Kanistermengen und eine säurebeständige Sprühflasche. Mich kostete ein Kanister ungefähr 20 Euro. Das reicht eine Weile.

Salz ist das günstigste Mittel gegen Unkräuter. Im Aldi kann man einzelne Päckchen Kochsalz für Centbeträge erwerben. Auf verunkrauteten Wegen ist der Einsatz empfehlenswert. Kulturpflanzen dürfen nicht in der Nähe stehen. Der Regen sorgt für eine aggressive Salzlauge. Die Pflanzen werden zerstört. Säuren und Laugen belasten den Boden. Der Winterdienst bringt jedoch auch viele Tonnen Salz auf Deutschlands Straßen aus. Ich tendiere klar zum Einsatz von Kochsalz, weil keine Vorsichtsmaßnahmen im Umgang erforderlich sind. Das Erzeugnis kann man mit nackten Händen anfassen.

Feuer ist mein Lieblingsspielzeug. Die Gasflaschen erfordern einen sorgsamen Umgang. Man benötigt ein paar hitzebeständige Handschuhe und eine Wasserpumpenzange. Mit dem Dachdeckerbrenner fackle ich in sekundenschnelle mehrere Pflanzen ab.

- 76 - Unkrautvernichtungsmittel

Bild 19: Dachdeckerbrenner mit 11 kg Propangasflasche im Einsatz. Eine 5 kg Flasche ist leichter zu tragen.

Feuer hinterlässt nur Asche als hervorragendes Düngemittel. Außer das man sich verbrennt, kann nicht viel passieren. Seien Sie vorsichtig mit den Gasflaschen! Wer alles vorschriftsmäßig installiert und draußen damit arbeitet, vergast sich auch nicht aus Versehen selbst. Ich nutze den Brenner, um meine Terrasse und den Weg vorm Garten sauber zu halten. Bevor ich einsäe, brenne ich auch die Bodenbeete damit ab.

Sie merken, dass jedes Mittel über eigene Anwendungsbereiche verfügt. Einem Wurzelunkraut kann ich mit Abbrennen nicht zu Leibe rücken. Den Flachwurzlern und Samen dafür umso besser. Tiefwurzler erfordern eine scharfe Substanz, die bis in die Wurzelspitzen wirkt. Das funktioniert nur mit Essig oder Herbiziden. Einige Wurzeln reichen viele Zentimeter in die Erde. Da reicht kein Spaten zum Ausbuddeln. Man hackt beim Ausheben nur die Wurzeln an irgendeiner Stelle ab. Den Ausläufer verliert man leicht aus den Augen. Ich kann davon ein Lied singen. Ich habe Pfingstrosen, Ackerwinden und Brombeerrückstände ausgegraben. Irgendwie erwischt man niemals alles. Es spielt keine Rolle, wie viel Mühe man sich gibt. Warten Sie, bis die Triebe ein paar Blätter ansetzen. Danach hilft ein Blattherbizid. Es dringt über die Blätter bis in die Pflanzenwurzel vor. Das Gewebe wird bis in die Wurzelspitzen zerstört. Ungünstig sitzenden Baumstümpfen, die immer wieder austreiben, kommt man nur so bei. Es gibt zahlreiche Eschen, die zwischen gepflasterten Wegen und Mauern wachsen. Die kann man nicht ausgraben. Die Stadtwirtschaft schneidet sie bloß ab. Die Eschenstümpfe treiben in jedem Frühjahr erneut aus. Lässt man sie wachsen, sprengen Sie mit der Kraft ihrer Wurzeln das Mauerwerk. Es hilft mehrmalig aufgebrachter scharfer Essig oder einmalig ein scharfes Herbizid. Die scharfen Herbizide erhalten die Landwirte im Spezialgroßhandel. Sie als Kleingärtner kommen über den Baumarkt nicht an die harten Mittel heran. Es ist sinnvoll, dass nicht jeder Bürger chemische Kampfstoffe einsetzen darf. Waffen verkauft man auch nicht an jedermann ohne Sachkundeprüfung.

12.3 Fungizide sind Pilzvernichter

Der Vollständigkeit halber möchte ich noch die Fungizide erwähnen. Neben Pestiziden, die auf Schadinsekten einwirken, wirken Fungizide gegen Pilzkrankheiten. Mit dem Rindenmulch holt man sich zahlreiche Pilze in den Garten. An einigen Stellen können Pilze Pflanzen schädigen. Den Kampf gegen die Pilze gewinnt man mit Fungiziden. Das ist ein anderer chemischer Kampfstoff. In den 60er Jahren feierte man Fungizide, Herbizide und Pestizide als Heilsbringer. Das Blatt hat sich bis heute dramatisch gewendet. Inzwischen gibt es jedoch biologische Mittel, die ich für meine Obstbäume einsetzen kann. Die Firma Neudorff bietet ein Bio-Fungizid an. Es wirkt fantastisch gegen die Kräuselkrankheit. Giftige

Kupferpräparate braucht man damit nicht mehr. Der Nachteil ist, dass die Mittel kostenintensiv sind.

Schneckenkorn auf Eisenbasis nutze ich auch von Neudorff. Wer Kinder in den Garten lässt, muss aufpassen. Die blauen Körnchen verlocken die Kleinen, sie anzufassen oder gar in den Mund zu stecken. Es sind Giftstoffe, die Lebewesen abtöten. Ich hatte in der Kleinkindphase meiner Tochter Mühe damit, solche Stoffe ausbringen zu können. Es ist unmöglich, so akribisch auf die Kinder zu achten. Ich ertrug darum die Schneckenplagen einige Zeit, ohne Schneckenkorn zu verwenden. Welche Alternativen gibt es gegen die Schnecken, wenn man kein Schneckenkorn ausstreuen möchte? Bierfallen sind eine Riesensauerei. Das Bier verdunstet viel zu schnell. Ich hatte es als Alternative im Einsatz. Die Bierfallen ziehen Schnecken magisch an. Sie eilen auch aus den Nachbargärten herbei. Schneckenkorn dagegen stinkt nicht meilenweit in die Botanik hinein. Wer Bierfallen säubern muss, versteht mich. Es ist widerlich, die aufgelösten Tiere zu entfernen. Das Eisenkorn[1] wird von den Schleimtieren gefressen. Die Biester verkriechen sich danach in der Erde. Sie sterben im Boden. Die Sauerei ist unsichtbar. Die blauen Eisenpräparate düngen außerdem den Boden. Das finde ich genial. Nachteilig wirkt der Preis von 10 Euro je Kilogramm. Glauben Sie mir, ein Kilogramm Schneckenkorn ist im Nu weg.

---

[1] Ferramol von Neudorff enthält den Wirkstoff Eisen-III-Phosphat. Ich nutze das Produkt zur Schneckenbekämpfung.

13. Gerätschaften zum Ausbringen von chemischen Stoffen

Oberste Priorität: Tragen Sie Schutzhandschuhe! Gartenhandschuhe sind durchlässig. Ich besitze dafür ein Paket Einmalhandschuhe im Garten. Die Packungen gibt es mit 100 Paar Handschuhen in jedem Baumarkt. Man wirft Sie nach Gebrauch weg. Alternativ können Sie Haushaltshandschuhe der Marke Vileda verwenden. Chemikalien sollten Sie generell nicht mit unbedeckten Händen anfassen. Selbst beim Ausbringen von Düngemitteln trage ich Gartenhandschuhe. Der Mensch hat schließlich nur eine Haut, die es zu schützen gilt. Wer möchte schon an Krebs sterben?

Für Fungizide und Herbizide benutzt man am besten Sprühkübel, die für nichts anderes verwendet werden. Die Mittel verdünnt der Anwender gewöhnlich mit Wasser, bevor er sie auf die Pflanzen sprüht. Es gibt die Sprühkübel mit Pumpen, die Überdruck aufbauen. Sie sind mit einer Sprühpistole ausgestattet. Jeder Wirkstoff muss einen eigenen Sprühbehälter bekommen. Ich halte es für keine gute Idee, wenn man flüssige Düngemittel, Fungizide und Herbizide mit demselben Gefäß versprüht. Der Pflanzenvernichter macht sich schlecht an Obstbäumen. Das leuchtet sicher jedem Gärtner ein.

Wer Gartenchemie verspritzt, muss lange Kleidungsstücke tragen. Arme und Beine sollten bedeckt sein. Eine

Schutzbrille und ein Mundschutz sind auch nicht verkehrt. Achten Sie beim Sprühen auf die Windrichtung! Die Gifte weht es mir öfter ins Gesicht bei drehenden Winden. Viele Landwirte vergifteten sich in der Vergangenheit. Damals trug man noch keine Schutzausrüstung. Viele Landwirte bekamen Krebs. Ich kann es nur betonen: Verwenden Sie hauptsächlich biologische Bekämpfungsmittel! Ich hantierte auch mit dem Teufelszeug Roundup[1] herum. Nachdem ich erfuhr, dass es Föten in der Schwangerschaft schädigt, nahm ich sofort Abstand davon. Meine Frau war zu dem Zeitpunkt schwanger. Lieber lasse ich das Unkraut auf der Wiese in den Himmel wachsen, anstatt die Familie krank zu spritzen. Kein Golfrasen der Welt ist das wert.

---

[1] Monsantos Glyphosat-Wundermittel.

14. Geräte zur Unkrautbeseitigung

Ich tüftelte lange herum. Ständig auf der Suche nach dem besten Gerät zur Unkrautbeseitigung. Gefühlt gab ich dafür ein Vermögen aus. Heute kann ich behaupten, fast alles ausprobiert zu haben. Es folgt ein Überblick zu verschiedenen Gerätschaften.

14.1 Der Spaten

Der Spaten ist die Waffe des freien Landmannes. Mit ihm verändert er das Antlitz der Erde. Er kann damit Wälder roden, und Sümpfe trockenlegen. Mit ihm trotzt er dem Boden die notwendige Nahrung ab.

Beim Spatenkauf kann man eine Menge Fehler machen. Ich vernichtete mit schwerster Landarbeit sogar Markenspaten. Ob Fiskars, Gardena, Wolf; vergessen Sie die üblichen Gartenmarken. Kaufen Sie handgeschmiedete Qualität aus Deutschland. Im Garten und Landschaftsbau setzt der Profi auf einen Baackspaten[1]. Die Firma bietet den idealen Spaten für jeden Boden an. Auf den Internetseiten findet man die Einsatzgebiete jedes Spatentyps beschrieben. Die Firma Baack berät Sie gerne. Ich kaufte mir einen Spaten passend zu den schweren Frankfurter Lehmböden. Ich kann ehrlich behaupten, dass ich diese 80 Euro bestens angelegt bekam. Wenn die Eschenstiele zersplittern, flext

---
[1] Baack ist eine deutsche Qualitätsfirma aus Schleswig-Holstein.

man die Nieten ab und tauscht den Stiel aus. Sämtliche Spaten, die ich vorher benutzte, verbogen sich irgendwann bei schwerer Landarbeit aus heiterem Himmel. Jeder Markenspaten war hinterher Müll. Ich rodete Bäume, grub zahlreiche Wurzelstöcke aus. Mein Garten war am Anfang nahezu Wildnis. Der Fiskarsspaten hielt die Belastung kein Jahr durch. Auf die Spatenblätter der Firma Baack gibt es eine lebenslange Garantie. Die Menschen, die diese Spaten schmieden, durchlaufen eine fünfjährige Ausbildung. Sie werden den Kauf nicht bereuen. Ich hörte von so vielen Gartennachbarn, dass sie schon den fünften Spaten besitzen. Mein Fiskarsspaten kostete 35 Euro. Wer rechnen kann, kommt sicher darauf, dass die 80 Euro auf Dauer günstiger sind. Der Baackspaten ist so geschliffen, dass er sich selbst schärft. Immer wenn man damit arbeitet, schärft sich die untere Kante nach. Der Spaten hat keinen Mittelsteg, wie sonst üblich. An allen anderen Spaten klebt daran der Erdklumpen fest. Sie quälen sich beim Umgraben feuchter Lehmböden unnötig damit. Mit Baack gräbt man Beete tatsächlich bis zu viermal schneller um. Es ist bedeutend leichter, den Spaten herauszuziehen. Man muss auch nicht ständig die Erde abtreten. Ich weiß, wovon ich spreche, denn ich benutzte ein paar Markengeräte. Ich rodete Büsche und Bäume. Die scharfe Unterkante des Baackspatens reichte, um Baumwurzeln abzutrennen. Sonst musste ich dafür extra die Axt zur Hand nehmen. Mit dem Baackspaten funktioniert beides bis zu einer gewissen Wurzelstärke. Die Arbeitsgeschwindigkeit steigt dadurch enorm an.

Der Spaten gehört für mich zur Grundausrüstung in jedem Garten. Er ist das wichtigste Werkzeug für die Bekämpfung größerer Gewächse und Tiefwurzler. Wer Brombeersträucher oder Pfingstrosenknollen ausgräbt, versteht mich. Bei den Pfingstrosen kapitulierte mein Fiskarsspaten am Ende. Dafür benötige ich kein Spielzeug, sondern beste deutsche Wertarbeit. Auch für andere Geräte kann ich Ihnen wärmstens handgeschmiedete Qualitätsware ans Herz legen. Die meistgebrauchten Geräte sollten Top-Qualität besitzen. Ich stellte oft fest, dass sich meine Gardena-Geräte zu leicht verbogen. Wer TOP Werkzeug besitzt, hat mehr Spaß an der Gartenarbeit. Warum soll sich der Mensch unnötig plagen?

Bild 20: Handgeschmiedeter Baackspaten mit D-Griff und Fußtrittstegen. Es fehlt der sonst übliche Mittelsteg am Spatenblatt, an dem die Erde kleben bleibt. Der Spaten ist in sich gefedert. Bei starken Belastungen gibt er flexibel nach. Dadurch bricht nichts.

14.2 Unkrautstecher

Bei den Unkrautstechern erlebte ich unliebsame Überraschungen. Ein Fiskarsstecher war in der Funktion ungeeignet. Ich habe bis heute nicht verstanden, wie man so einen Mist produzieren kann. Mein Gardenastecher war hervorragend. Ich benutze ihn bis heute. Der Schliff ist das Geheimnis. Daneben kaufte ich noch Schweizer Qualitätsware. Der Stecher ist massiver, liegt jedoch auch schwerer in der Hand. Kaufen Sie bitte mehrere solcher Geräte. Wenn Sie zusammen im Garten Unkraut jäten, benötigt jeder Helfer einen Unkrautstecher.

Daneben probierte ich verschiedene Haken und Krallen aus. Am Ende benutzte ich immer wieder die Handstecher. Vergessen Sie die Großgeräte, womit man Löwenzahn bequem rausdrehen können soll. Diese Geräte sind alle ihr Geld nicht wert. Bücken muss man sich so oder so. Gartenarbeit ist mühsam. Sehen Sie es aus sportlicher Perspektive. Was man mit den Stechern nicht schafft, gelingt meist mit dem Spaten. Mehr Geräte braucht man nicht. In meinem Gartenhaus sammelten sich mit der Zeit viele Geräte an. Ich kann an zwei Händen abzählen, was ich wirklich ständig benutze. Der Stecher ist das Gerät, das ich laufend in der Hand halte.

Bild 21: Verschiedene Werkzeuge, die man zum Unkrautentfernen benutzen kann. Mein Lieblingswerkzeug ist ganz rechts der Gardena Unkrautstecher. Meine Frau benutzt am liebsten die Einhakenhacke in der Mitte und den Dreizack ganz links. Gardena Geräte erkennt man an der typischen Farbkombination Türkisblau Orange. Der Rest der Geräte sind Schweizer Qualitätswerkzeuge.

14.3 Eimer und Gefäße

Für jeden Unkrautdurchgang benutze ich grundsätzlich zwei Eimer. Ich kaufte mir irgendwann einmal einen ordentlichen Eimerstapel. Ich empfehle Ihnen, benutzen Sie zwei unterschiedliche Eimer. In den einen Eimer lege ich das hartnäckige Unkraut. Dort kommen fiese

Tiefwurzler, reife Unkräuter mit Samen und Zwiebeln hinein. In den anderen Eimer fliegt alles, was auf dem Komposthaufen verrotten soll. Man sammelt beim Jätevorgang oft abgefallene Blätter auf. Ich rupfe auch ständig von Kulturpflanzen Blätterwerk ab. Ich pflege die Beete gleich beim Unkrautjäten mit. Deshalb verwende ich zwei Eimer. Der Komposteimer ist am schnellsten voll. Die geringeren Mengen aus dem Unkrauteimer entsorge ich außerhalb des Gartengrundstücks. Fangen Sie bloß nicht an, wie viele Gartennachbarn, und sammeln das Zeug in Säcken für die Kompostanlage. Hinter Zäunen und Hecken ist garantiert Platz. Es ist Naturmaterial und gehört zurück in den Lebenskreislauf. Warum soll ich das Zeug sammeln und mit dem Auto spazieren fahren? Für mich ergibt das keinen Sinn. Der Platz hinter meinem Gartenzaun ist dafür geeignet. Mit dem Unrat dünge ich lieber die Bäume am Flussufer. Wenn dort Unkraut anwächst, stört es niemanden. Meine Zaunbarriere hält es mir vom Leib.

Neben genügend Eimern braucht man viele Schüsseln im Garten. Wir benutzen ausgespülte Eisverpackungen. Dafür muss man kein Geld ausgeben. In die verschließbaren Verpackungsdosen kann man Früchte und Kräuter hineinlegen. Das können Sie gleich beim Unkrautrupfen mit erledigen. Bei uns ist es so, dass meine Frau lieber erntet. Das Unkraut bleibt mir überlassen. Die Männer pflanzen und pflegen. Die Frauen ernten und verarbeiten die Früchte. Das war bei meinen

Großeltern auch so. Ich stelle das typische Rollenverhalten vielerorts fest.

14.4 Hacken und Krallen

Viele Gartennachbarn erzählten mir, dass man das Unkrautwachstum durch Hacken empfindlich stören kann. Dabei wird das frisch aufkeimende Unkraut entwurzelt. Es stirbt größtenteils ab. Jedoch müsste man dazu wöchentlich durch hacken. Lockere Böden haben jedoch wieder den Nachteil, dass sich Wühlmäuse darin wohlfühlen. Aus dem Grund empfehle ich Ihnen, harte Böden ringsherum aufrechtzuerhalten. Ich muss ehrlich gestehen, dass ich fast nie durch hacke. Ich fahre mit Unkrautjäten alle zwei bis drei Wochen besser.

Ein lockerer Boden ist für die Pflanzen sinnvoll, weil das Wasser besser eindringen kann. Um die Oberfläche der Erdbeerbeete aufzureißen, benutze ich eine Kralle. Ich ziehe den Dreizack, wie einen Pflug durch den Boden. Dabei reißt die obere Deckschicht auf. Der Regen kann sofort in den Boden eindringen. Handelsübliche Gerätequalitäten sind dafür ausreichend. Das Gerät braucht man geschätzte dreimal in der Saison. Es wird nicht großartig beansprucht. Probieren Sie aus, womit Sie zurechtkommen. Das ist Geschmackssache. Der eine nimmt eine Hacke. Der andere mag die Gartenkralle.

Bild 22: Verschiedene Hacken und Krallen, um den Boden aufzulockern.

Die Marken Gardena, Wolf und Fiskars haben Stiele mit austauschbaren Aufsätzen. Die Stecksysteme sind untereinander nicht kompatibel. Man muss sich für eine Marke entscheiden. Gardena scheint die beliebteste Marke zu sein.

15. Grenzerfahrungen

Ich probierte viele Dinge aus. Ich versuchte dichte Mischkulturen, Häckselwege, Permakultur und anderes mehr. Im städtischen Kleingarten sind bestimmten Vorhaben Grenzen gesetzt. Selbstverständlich kann ich Mais, Bohnen und Kürbis zusammenpflanzen[1]. Man sollte den Dschungel, der dabei entsteht, nicht außer Acht lassen. Was in Südamerika keinen interessiert, stößt in Gartenvereinen auf wenig Gegenliebe. Als ich begann meine Rasenflächen auszuweiten, durfte ich mir viele Missklänge über meinen Fußballrasen anhören. Ich streute deswegen in den hinteren Gartenteil Rindenmulch. In die Wiesenstücke pflanzte ich Bäume, damit sie zur Anbaufläche hinzugezählt wurden.

Meine Hochbeete erzeugten zuerst Kopfschütteln. Einige Zeit danach entstanden in der Anlage weitere Hochbeete. Ich wurde kopiert. Ich empfehle den Menschen, die ein überschaubares Maß an Arbeit suchen: Ignorieren Sie das Gequatsche, wenn es geht! Solange der Vorstand eines Vereins nicht an Sie herantritt, damit Sie Sachen beseitigen, ist alles in Ordnung. Ich besäße gerne einen Eigentumsgarten. In einer Großstadt ist das teuer. Ich pachtete deshalb einen Schrebergarten in unmittelbarer Nähe zu meiner Mietwohnung. Jeder Deutsche, der ein Haus mit Garten besitzt, kann sich glücklich schätzen. Er kann tun und lassen, was er möchte. Ich empfehle den Eigentümern, setzen Sie auf Wiesenflächen. Kaufen Sie

---

[1] Die Anbautechnik stammt von südamerikanischen Ureinwohnern.

sich den besten kabelunabhängigen Mulchmäher, den Sie finden können. Das Mähen erspart Ihnen viel Unkrautaufwand. Die Anbauflächen grenzen Sie von der restlichen Botanik ab. Nutzen Sie dazu simple Hochbeete. Die einfachste Form ist ein Beetkasten aus 4 Brettern in Rechteckform. Wählen Sie massive Holzbohlen! Errichten Sie besser mehrere kurze Hochbeete. Ich baute 7 Meter lange Hochbeete. Die Erfahrung lehrte mich, dass kurze Hochbeete mit zwei Meter Seitenlänge stabiler stehen. Den psychologischen Effekt dürfen Sie nicht unterschätzen. Beete mit zwei Quadratmetern bilden überschaubare Arbeitspakete beim Unkrautrupfen. Mein Fehler war, dass ich zu viel Hochbeetfläche errichten wollte. Alle Mitglieder meiner Familie sollten 10 Quadratmeter Hochbeetfläche erhalten. Nach kurzer Zeit merkte ich, dass ich die Erntemengen unmöglich verarbeiten konnte. Es ist inzwischen eine Riesenlogistik, die Früchte zu transportieren und die Vorräte unterzubringen. Meine insgesamt zwölf Quadratmeter Hochbeetfläche erschlagen uns regelrecht mit Gemüse. Wer arbeiten geht, sollte sich am Gartenhobby erfreuen können. Unsere Parzelle diktiert mir zu sehr, was ich wann erledigen muss. Das wird in Urlaubszeiten ruckzuck lästig. Wer den Geschmack eigener Ernten gekostet hat, möchte es nicht mehr missen. Die Urbanisierung erfreut sich größter Beliebtheit. Die Nahrung aus unserem Garten besitzt Topqualität. Da hält kein Supermarkt mit. Ich liebe die vollständig selbst hergestellten Gemüsegerichte. Ich sage oft zu meiner Frau: Wir essen besser als in jedem Restaurant der Stadt.[1]

Einziger Wermutstropfen bleibt die lästige Arbeit am Unkraut. Den Umstand erträglicher zu gestalten, versuche ich bis heute. Beherzigen Sie ein paar Tipps! Sie plagen sich hinterher weniger. In diesem Sinne wünsche ich Ihnen alle Zeit beste Erträge. Versuchen Sie zu begreifen, wie die Natur tickt. Mit ihr zu arbeiten, ist angenehmer. Vergessen Sie bei aller Mühe nicht, Gott für den Erntesegen zu danken. Wetter und Ungeziefer liegen in seiner Hand. Ich bete oft darum, dass meine Arbeit bei Stürmen nicht zerstört wird. Ein Windbruch kann Ihnen die Arbeit des ganzen Jahres vernichten. Vertrauen Sie jederzeit auf den Herrn Jesus und Ihrer Hände Arbeit.

Im Haus meines Vaters hängt ein geistreiches Sprüchlein:

Zwei Lebensstützen brechen nie,
Gebet und Arbeit heißen sie!

In diesem Sinne: Machen Sie es gut, wie man bei uns in Hessen sagt.

Ihr Daniel Grund aus Frankfurt am Main

---

[1] Frankfurt am Main verfügt wahrlich über eine Riesenauswahl an Spitzenrestaurants.

Wenn Sie mir schreiben wollen, meine E-Mail-Adresse lautet: Daniel.Grund76@gmail.com.

16. Literaturverzeichnis

Von Gott inspirierte Menschen, Die Bibel, Genfer Bibelgesellschaft, 1. Auflage (2004) 1354 Seiten.

17. Über den Autor

Ich, Daniel Grund, besitze einen gepachteten Garten in der Metropole Frankfurt am Main. Viele Nahrungsmittel baue ich für meine Familie selbst an. In den Sommermonaten lebt meine Familie überwiegend aus dem Garten. Ich kaufe jedoch Milchprodukte dazu. Beim Anbau konzentriere ich mich hauptsächlich auf Produkte, die im Laden teuer sind. Die Beerenobstmengen, die wir verspeisen, würden im Laden ein Vermögen kosten. Den Geschmack können Sie dennoch nicht mit einkaufen.

Als vollberuflich tätiger Familienvater muss ich mit meiner Zeit haushalten. In vielen Bereichen führe ich Optimierungsmaßnahmen durch. Was ich im Beruf lerne, übertrage ich auch auf den Garten. Lästige, jedoch notwendige Aufgaben, reduziere ich auf ein Minimum. Dabei beachte ich den Aufwand-Nutzen-Effekt, wie in der

Betriebswirtschaft. Im Studium verstand ich erstmals, dass der ideale Zinseffekt in der Natur vorkommt. Ich kaufe einen Apfelbaum oder eine Kartoffel. Heraus kommt der vielfache Ertrag. Irgendwann erhalte ich die Anfangsinvestition des Apfelbaums in Äpfeln ausbezahlt. Wo sonst bekomme ich 1.500 Prozent Rendite je Saison? Ich stecke eine Kartoffel in die Erde und hole 4 Monate später bis zu 15 Kartoffeln wieder heraus. Kartoffeln in Hochbeeten sind der Wahnsinn in Schubkarren. Die Rendite ist riesengroß. Der heimische Garten stellt für mich einen realen Wert dar. Die Unkrautplage ist ein lästiges Übel, mit dem ich leben muss. Ich arbeite mit der Natur, wo es geht. Wer gegen die Natur kämpft, fechtet einen aussichtslosen Kampf gegen Windmühlen. Daher unterbinde ich die natürlichen Prozesse nur dort, wo es unvermeidlich erscheint. Wer so gärtnert, kann das Leben draußen in vollen Zügen genießen.

Weitere Bücher, die von mir erschienen sind:

Die Börsenbibel für Kleinanleger

Noch während des Studiums verdiente ich die Studiengebühren zurück. Die Börsenbibel beinhaltet Börsenstrategien für Kleinanleger, die in Deutschland funktionieren.

Ihr Weg aus den Schulden
Private Schulden mit einem Neuanfang schnell abbauen.

Das Buch beinhaltet mein persönliches Schuldnerschicksal und die gemachten Erfahrungen. Damit schmelzen Privatschulden, wie Schnee in der Sonne. Das sind praktische Tipps für Leute, die im Schuldensumpf feststecken. Erreichen auch Sie den Turnaround in Rekordzeit.

18. Fußnoten

Hier finden Sie in der Ebookversion die Fußnoten: